Diesem guten
u. wichtigen Buch
wünscht
Fritz B. Busch
viel Erfolg!
im April 2010

DIESE WIDMUNG SENDETE UNS FRITZ B. BUSCH, NACHDEM ICH SEIN MUSEUM IM FRÜHJAHR 2010 BESUCHT UND DAS BUCHPROJEKT VORGESTELLT HATTE.

Traumgaragen | Deutschland 1.0

Unterstützt von

Traumgaragen | Deutschland [1.0]

Fritz Schmidt jr.

mit Andreas Petry, Marcus Dittberner und
Paul Anagnostou

www.traumgaragen.com

Mein Dank geht an alle Sammler, die uns vertrauensvoll die Türen zu ihren Schätzen geöffnet haben.

Inhalt

Vorwort *Fritz Schmidt jr.*	6 - 15	Timo Pistorius *„Zum Ölstandprüfen brauch ich eine Leiter!"*	120-131
Heiko Seekamp *„... ich bin der einzig Normale!"*	16-31	Dirk Patschkowski *„Kleine Träume!"*	132-141
Peter Wolf *„Ungewöhnlich sollte ein Auto sein!"*	32-41	Der Perfektionist *„Ein Wohnzimmer für die vierrädrigen Familienmitglieder!"*	142-155
Heidi Hetzer *„Ick hab nich viel Zeit!"*	42-57	Der Bauherr *„Es soll einfach gemütlich sein!"*	156-167
Hans-Günter Zach *„Mit dem Urknall begann alles!"*	58-69	Klaus Schildbach *„Im Ballsaal tanzen nun die Sterne!"*	168-183
Werner Kasper *„Mein erstes Auto war ein Mini!"*	70-81	Robert Fink *„... immer in Fahrt bleiben, immer auf dem Gas ..."*	184-195
Der Bentley-Flüsterer *„Das Lenkrad ist rechts, die Autos stehen unten!"*	82-95	Fritz B. Busch *Der Ur-Vater der „Traumgarage"*	196-203
Die Sammler-Familie *„Es wird nicht gestapelt, sondern geschichtet!"*	96-109	Impressum	204-205
Klaus Flettner *„Mein Tretauto namens Porsche!"*	110-119		

Fritz Schmidt jr.

Suchen, sammeln und Träume leben
Die besondere Faszination der Garage

„Was soll wohl aus einem werden, der an seinem neunten Geburtstag nicht wie andere Kinder seines Alters ein neues Fahrrad, sondern eine heruntergekommene Honda Monkey von seinem Vater geschenkt bekommt und bereits 1975, im zarten Alter von elf Jahren, auf die allererste Veterama nach Mannheim geschleppt wurde?"

Das hat vor nicht allzu langer Zeit ein sehr guter Freund gesagt und damit einem Dritten versucht meine Sammelleidenschaft zu erklären. Sicher kann man daraus Schlüsse ziehen. Doch mein vielfältiges Interesse an alten Dingen hat Wurzeln, die zumindest für mich unerklärlich sind.

Meine Kindheit verbrachte ich in der elterlichen Bäckerei in Rüsselsheim, und im kleinen Hof hinter der Backstube lernte ich mit der bereits erwähnten Honda Monkey motorisiertes Zweirad fahren. Ab dem 15. Lebensjahr folgten dann einige Kult-Mofas und -Mopeds der 70er. Hier und da „sicherte" ich mir schon mal die ein oder andere alte Blechdose, ein schönes Emaille-Schild und sonstigen „Nippes", den keiner mehr haben wollte. Ich verteilte die Sachen in den Kellerräumen meines Elternhauses und begann relativ früh die Dinge um mich herum zu dekorieren und mit ihnen zu leben.

Prägend war weiter, dass mein Vater bereits in den 70er Jahren alte Sportwagen fuhr, was damals alles andere als gewöhnlich war. Wenn man also in seiner Kindheit in unterschiedlichsten Klassikern herumkutschiert wurde, lag es nahe, seine eigene Autokarriere ebenfalls mit einem außergewöhnlichen Fahrzeug zu beginnen: Auf einen Austin Mini 1100 Special fiel 1981 meine Wahl, sicherlich auch davon inspiriert, dass meine Mutter mich und meine Schwester in den 60ern in einem 850er Mini chauffierte ... „ohne Kindersitze"!

Für dieses erste Autoprojekt musste mein Opa einen perfekt gepflegten Opel Senator aus seiner Garage räumen, wobei abgemacht war, dass sie nur für ein paar Wochen oder höchstens für zwei, drei Monate bis zur Führerscheinreife als Werkstatt für den Mini zur Verfügung stehen sollte – Opas Auto hat die Garage danach allerdings nie wieder befahren. Und dies ist bis heute geblieben, denn ich habe sie auch 2010 noch unter Beschlag, „meine erste Garage".

Es folgten eine Doppelgarage und eine kleine Scheune, wo ich später meine Autos, Mopeds, Fahrräder und viele alte Dinge, vor Wind und Wetter geschützt, unterstellte. Daraus entwickelte sich eine kleine Werkstatt als neuer „Lebensraum", in dem ich fortan viel Zeit verbringen sollte. Ich liebe es zu suchen, zu sammeln, die Fundstücke zu reinigen, zu reparieren, zu benutzen, mit ihnen zu leben und sie anzuschauen. Ich gehe in meine Garage, schalte ab, kann dort viel oder nichts tun und genieße es. Inzwischen ist die alte Backstube meiner Eltern meine „Traumgarage" geworden und die Backmaschinen, zwischen denen ich einst spielte, sind nicht mehr da. Nun lebe ich hier mit meiner Frau und unseren drei- und fünfjährigen Söhnen, denen ich sensibel versuche den „Virus" weiterzugeben und bald beibringen möchte, Monkey zu fahren.

DER AUTOR UND DAS PROJEKT

INZWISCHEN IST DIE ALTE BACKSTUBE MEINER ELTERN MEINE „TRAUMGARAGE" GEWORDEN UND DIE BACKMASCHINEN, ZWISCHEN DENEN ICH EINST SPIELTE, SIND NICHT MEHR DA ... DIE HONDA MONKEY IST GEBLIEBEN.

Das Sammeln und Dekorieren verstehe ich als Lebenspuzzle und es fehlen sicherlich noch einige Teile, bevor das Bild fertig ist. Auf der Suche nach diesen Bausteinen habe ich viele Garagen gesehen und sehr interessante Menschen kennengelernt. Dabei stellte ich fest, dass Garagen ganz spezielle Orte sind. Nicht allein dafür gebaut, Fahrzeuge zu parken und sie vor dem Regen zu schützen: Es gibt viele Garagenbesitzer, die sich hinter teils unscheinbaren Toren ihre eigene Welt schaffen – ihre „Traumgarage". Einen Ort zum Schrauben, zum Arbeiten oder nur zum Entspannen. Hinter diese unterschiedlichen Garagentore zu blicken, die Menschen und ihre Sammlungen kennenzulernen, Einblicke in deren Motivationen und Gefühle zu bekommen, hat mich inspiriert, dieses einzigartige Buchprojekt anzugehen.
Ein nicht weniger bedeutender Grund war, meiner Frau in Wort und Bild zu beweisen, dass es da draußen weitaus „verrücktere" Sammler gibt.

Doch ohne meine Freunde, die mich immer wieder motiviert haben die ewig „gesponnene" Idee umzusetzen und auf diesem langen Weg tatkräftig unterstützten, wäre das Buch heute in dieser Form nicht in Ihren Händen.

Danke Marcus, Andreas und Paul!

Die porträtierten Sammler, die mir ihr Vertrauen geschenkt und die Türen zu ihren „Traumgaragen" geöffnet haben, die aktiv das Projekt unterstützten, das sind die Hauptdarsteller dieses Buches. Ihnen gilt ein großes Dankeschön, da sie mir und auch Ihnen einen einzigartigen Einblick in deren Geschichte, Leidenschaften, Motivationen und Privatsphäre gewährt haben.

Besonderen Dank auch allen Fotografen, die mich begleiteten und die Menschen, Räume, Sammlungen und Stimmungen so authentisch wie möglich eingefangen haben.

Mit den Bildern und den dazugehörigen Legenden lade ich Sie nun ein, in die unterschiedlichen „Traumgaragen" zu blicken, sich Anregungen zu holen, zu staunen oder nur zu „träumen".

Viel Spaß dabei wünscht

Fritz Schmidt
Fritz Schmidt jr.

DIE GARAGE IST DER MITTELPUNKT DES HAUSES, AUS ALLEN BLICKWINKELN SIEHT MAN DIE FAHRZEUGE AUF DEM SCHÖNEN ALTEN FLIESENBODEN.

Heiko Seekamp

„ ... ich bin der einzig Normale!"

Heiko Seekamp ist nicht nur einer der erfolgreichsten Werbefotografen in Deutschland, sondern auch ein äußerst zuvorkommender Mensch. Bereits eine halbe Stunde vor dem vereinbarten Termin sitze ich in seinem Vorzimmer in Bremen und breite ein paar Unterlagen vor mir aus, denn ich will die Wartezeit nutzen. Es dauert jedoch keine fünf Minuten, da steht mein Gastgeber vor mir. „Hier wird schon gearbeitet, das gefällt mir", werde ich freundlich begrüßt.

„Dann packen Sie gleich mal wieder ein und lassen Sie uns in die Edel-Requisite gehen", fordert er mich schmunzelnd auf. „Edel-Requisite" ist wohl der Kosename für seine höchst geräumige „Garage", die in einer Gehminute über den Hof zu erreichen ist. Neben einem Industrietor sehe ich drei stark verrostete und eingewachsene Fahrzeuge, einen Fiat Topolino „Giardiniera", einen Lloyd Alexander und einen Lloyd Hansa. Wie Kunstobjekte stehen sie da, und das schon seit fünf Jahren, wie ich erfahre. „Warten Sie mal, heute Nachmittag kommt noch ein Topolino in bestem Zustand dazu, da machen wir schöne Bilder von den beiden", verspricht Herr Seekamp. „Typisch Fotograf", denke ich mir, „immer den Blick für ein gutes Motiv." Fröhlich werde ich eingeladen, die „Traumgarage" zu betreten: „Dann kommen Sie mal rein in die gute Stube." Ich muss nur noch einen Schritt tun und tauche vollkommen in Seekamps Welt ein: weiße Wände, weißer Boden, Spiegel und jede Menge Plakate und Erinnerungsfotos. Und so viele Autos, dass ich von all dem Lack und Chrom geblendet bin und im ersten Moment nur den seltenen zweifarbigen Opel P1 Caravan wahrnehme. Zugegeben, das kann durchaus auch an der Tatsache liegen, dass ich aus Rüsselsheim stamme und mein Großvater mit einem solchen Wagen die Brötchen seiner Bäckerei ausgefahren hat.

Heiko Seekamp hat ein bewegtes Autoleben hinter sich. „Der Opel war damals mein erstes Auto", fängt er an zu erzählen. Exakt diesen Wagen aus seiner Jugend wollte er später unbedingt wieder haben und nun steht er seit wenigen Monaten in seiner „Garage". Dann kam ein Ford „Tin Lizzy" dazu. „Ich war mit meinen Eltern in Dänemark und dort stand er an einer Tankstelle", erinnert er sich an den längst vergangenen Familienurlaub. „Auf dem Weg zurück nach Hause hat mein autoverrückter Vater spontan verkündet: ‚Der wird gekauft, den nehmen wir mit!' Ich bin dann auf eigener Achse nach Deutschland gefahren, dieses T-Modell war ein Knochen", erzählt Seekamp lächelnd weiter. „Bald darauf hatte ich einen Renault R4, das war ein schönes Auto." Einen solchen Franzosen suchte er vor kurzem für seine heutige Sammlung und er hat ihn gefunden. Ein blauer R4 steht nun in Seekamps „Traumgarage", ebenso wie ein grauer Käfer und eine grüne Giulia. Mit 23 Jahren leistete er sich dann gleichzeitig einen Jaguar MK IV und einen Mercedes 300 SL Roadster.

Es gesellten sich noch viele weitere Automobile mit dem berühmten Stern hinzu und so kam es, dass er zeitweise hauptsächlich Mercedes-Fahrzeuge besaß: „Die komplette Nachkriegspalette hoch und runter, 300er Roadster und Flügeltürer, in Hoch-Zeiten sogar gleich sieben Mal!" Dies wurde Seekamp aber bald zu eintönig. Deshalb und um das Geld in seine Werbefirma zu investieren, verkaufte er die gesamte Flotte. So gelang es ihm, einen wichtigen Entwicklungsschritt zu vollziehen, um am Markt weiter bestehen und wachsen zu können. „Geld gehört dahin, wo es sich vermehren kann", begründet der Autonarr seine damalige Entscheidung, „und man muss bereit sein, sich dafür von Dingen zu trennen." Das war die richtige Maßnahme, wie sich schnell herausstellen sollte. Viele Kunden hatten diesen Schritt von dem passionierten Sammler nicht erwartet und sprachen ihm ihre Anerkennung aus. Darüber hinaus bekam der Werbefotograf von ebendiesen und vielen anderen sehr gute Aufträge. Die Geschäfte gingen so gut, dass er schon bald eine neue Sammlung aufbauen konnte. Von da an sammelte er alles, was ihm gefiel. Zunächst erwarb er eine Chevrolet Corvette, doch dann konzentrierte er sich mehr auf Fahrzeuge, die nur selten gebaut wurden. Heute sagt Seekamp: „Gegen viele meiner jetzigen Fahrzeuge ist ein Flügeltürer schon ein Großserienfahrzeug!"

Zwischendurch frage ich ihn, wie viele Fahrzeuge in seinem Besitz sind. „Joooh … ne, 49! Nicht viele, aber zu viel!", antwortet er. „Mit 70 Jahren fange ich an zu verkaufen", fährt er entschlossen fort. Daraufhin frage ich ihn höflich nach seinem Alter. „Über 70! Ich fange bald an die Sammlung zu reduzieren", versichert er mir und lacht dabei spitzbübisch. Mein Eindruck war eher, dass die Sammlung größer wird. Und dies bestätigt sich auch kurz darauf, denn Herr Seekamp ist gegenwärtig vom „Kleinwagen-Fieber" infiziert. Er strahlt übers ganze Gesicht, wenn er von seiner neuen Leidenschaft erzählt, welche ihn vor drei Jahren gepackt hat. Einige dieser Fahrzeuge hat er zurzeit an eine Kleinwagen-Ausstellung verliehen. Auf meine Frage, wo diese untergebracht werden, wenn sie wieder zurückkommen – denn ich sehe hier keine leeren Stellplätze –, gibt der 70-jährige „Verkäufer" zu: „Ich baue gerade an, da hinten …" Und just in diesem Moment klingelt es und der eingangs erwähnte Fiat Topolino „Giardiniera" wird angeliefert.

Die BMW Isetta, die ihm seine Frau und sein Sohn bereits zum 50. Geburtstag geschenkt haben, wird er sicher auch nicht verkaufen. Der Kleinstwagen mit der ungewöhnlichen Türkonstruktion ziert zeitweise sein Büro und Geschäftspartner nehmen bei Verhandlungen gerne Platz darin. Im Gegensatz zu vielen anderen Sammlern nimmt der Bremer selbst keinen Schraubenzieher in die Hand: „Ich kann nur putzen. Technisch kann ich nichts machen, dafür ist mein Herr Müller zuständig." Der Kfz-Meister wartet und pflegt Seekamps Autos und führt über jedes einzelne akribisch ein Fahrtenbuch. „Alle drei Monate müssen die Wagen mindestens 30 Kilometer bewegt und über eine Teststrecke mit verschiedenen Untergründen gefahren werden", gibt der Hausherr vor. Dabei fallen etwaige Mängel auf, welche dann umgehend behoben werden können. „Ich möchte, dass alle immer fahrbereit sind", erklärt Heiko Seekamp. „Allerdings kann es manchmal vorkommen, dass ich Lust auf eine Spritztour habe, mich dann aber nicht für ein Fahrzeug entscheiden kann, wenn ich vor meiner Flotte stehe. Da fahre ich eben unverrichteter Dinge mit meinem Alltags-Bentley wieder nach Hause", gesteht er.

„Meine Frau ist nicht nur eine sehr gute Beifahrerin, sie ist auch eine sehr gute Fahrerin. Die Mille Miglia ist meine Frau siebenmal gefahren, mein Sohn war zehnmal dabei und ich war bei 15 Rennen als Fahrer am Start", erzählt er stolz. Mittlerweile fährt Heiko Seekamp zusammen mit seiner Frau nur noch kleinere Spaß-Rallyes, denn alles andere ist ihm zu anstrengend geworden.

10 MAL MILLE MIGLIA IN FOLGE UND DAS IM VERITAS RS

HEIKO SEEKAMP

Der agile Seekamp ist immer in Bewegung, eine Herausforderung, ihn unverwackelt aufs Bild zu bekommen.

Ordnung ist das halbe Leben, wie man sieht. Alles ist fahrbereit, ein „Traum" neben dem anderen; reinsetzen und losfahren.

Frau Seekamp teilt nicht nur die Rennleidenschaft mit ihrem Mann, sie unterstützt ihn auch tatkräftig beim Sammeln. So zum Beispiel in Paris bei der Retromobile-Oldtimer-Messe. Die beiden wollten dort ein Auto erwerben und sie bestand darauf, dass der Händler den Wagen auf der Messe starten sollte, zum Beweis, dass er auch fahrtüchtig sei. „Das gab Riesenärger wegen der Lautstärke, der Abgase und wegen des Brandschutzes", erinnert sich der Hanseat grinsend, „ich habe das Auto aber bekommen!"

Der heutige Rentner, dessen Sohn „die Firma hervorragend weiterführt", kommt trotzdem jeden Vormittag in sein Büro und verbringt in der Woche sechs bis acht Stunden in seiner „Traumgarage". Ich frage ihn nach seinem persönlichen Highlight der Sammlung und er antwortet: „Alle – und ein bisschen mehr der Veritas." Dies ist der Ex-Wagen von Helm Glöckler, dem Frankfurter BMW-Händler, der in den 40er Jahren damit erfolgreich Rennen gefahren ist. Beispielsweise wurde Glöckler mit diesem Veritas RS, im Übrigen ein Fahrzeug auf Basis des BMW 328, 1949 deutscher Meister in der Klasse bis 1,5 Liter. Nachdem Seekamp das Fahrzeug gekauft und restauriert hatte, überließ ihm die Familie Glöckler einige dazugehörige Unterlagen, aber auch persönliche Dinge wie Brillen, Overalls und Dokumente aus dem Nachlass des Rennfahrers, welche Seekamp nun in Ehren hält.

„Allerdings kann es manchmal vorkommen, dass ich Lust auf eine Spritztour habe und in der Garage angekommen, mich dann aber nicht für ein Fahrzeug entscheiden kann. So kommt es, dass ich unverrichteter Dinge mit meinem Alltags-Bentley wieder nach Hause fahre."

DIESEN GHIA 230 S HATTE SEEKAMP NIE ALS SPANNENDES AUTO WAHRGENOMMEN, BIS ER IHN EINMAL ALS JUROR BEI EINER OLDTIMER-VERANSTALTUNG GENAUER UNTER DIE LUPE NEHMEN MUSSTE. LANGSAM WURDE IHM DANN BEWUSST, UM WELCH EINEN GELUNGENEN ENTWURF ES SICH DABEI HANDELTE. SELTEN WAR DAS FAHRZEUG OBENDREIN. ZWEI GEBAUTE FAHRZEUGE SIND NICHT UNBEDINGT EINE MASSE. WENN EINES DAVON DANN AUCH NOCH ALS VERSCHWUNDEN GILT, HANDELT ES SICH IN DER TAT UM EIN EXKLUSIVES FAHRZEUG. ALS DIESES DANN ZUM VERKAUF STAND ...

Heiko Seekamp und der Autor

Große Achtung genießt Heiko Seekamp seinerseits nicht zuletzt bei den Gästen des „Herrenabends", den er einmal im Jahr veranstaltet. Zu diesem Anlass werden 140 gute Kunden und liebe Freunde in die „Traumgarage" eingeladen. Es gibt „Kinderessen", wie Seekamp das Menü ironisch nennt. Schnitzel und Pommes werden

Der gerade eingetroffene Fiat Topolino „Giardiniera" aus dem Jahr 1950 strahlt in „Oro Metallizzato", einer der ersten Fiat Metallic-Lacke, in der Abendsonne.

ununterbrochen auf der Hebebühne gebrutzelt und ständig eilen einige Köche umher und bewirten die Männer. „Das ist schon ein verrückter Kerl", geht mir durch den Kopf, doch bevor ich es zu Ende denke, sagt mein Gastgeber: „Ich kenne mindestens 30 Leute mit solchen ‚Traumgaragen', alles Verrückte … ich bin der einzig Normale!"

„Alle Schlüssel stecken … man muss nur wissen wo und schon geht es los!"

Peter Wolf

„Ungewöhnlich sollte ein Auto sein!"

Im Sommer 1968 war es so weit, Peter Wolf machte den Führerschein. Zusammen mit seinem Vater hielt er Ausschau nach einem Auto. „Ein VW Käfer", schlug der Vater damals vor, doch der war dem jungen Wolf „nicht ungewöhnlich genug". Zweimal war er mit dem Vater auf Autosuche unterwegs, dann entschloss sich der frischgebackene Führerscheinbesitzer alleine loszuziehen. Beim Gang über den Schrottplatz entdeckte er einen Citroën Ami 6 und dessen Design, mit seinem markanten Heck, ist „wahrhaft ungewöhnlich". Das sollte sein erster Wagen sein ... Gesagt, getan.

Der Vater wurde vor vollendete Tatsachen gestellt und Peter Wolf begann, den 1961 gebauten kleinen, 2-zylindrigen Franzosen „fit zu machen". Ein Freund schweißte mit einem geliehenen Elektro-Schweißgerät die Durchrostungen zu, mit viel Polyesterspachtel korrigierte Wolf die Nähte, Beulen und Kratzer. Nachdem die gelb-blaue 2-Farben-Lackierung mit elektrischer Spritzpistole aufgetragen war, ging es endlich auf die Straße und die große Auto-Leidenschaft des heutigen Sammlers begann.

Dem Ami 6 folgten viele weitere Klassiker. Einen BMW V8, den sogenannten „Barockengel" aus den 50er Jahren, kaufte er circa 1970 für einen Freund. Er wollte ihn für seinen Kumpel instand setzen und lackieren. Für dieses Projekt wurde, quasi als Ersatzteilträger, ein zweites Exemplar gekauft. Zum Schluss hatte Wolf beide aufgebaut und herausgeputzt und die Freunde fuhren nun jeder einen eigenen V8. Es folgte ein kurzer Ausflug in den italienischen Automobilbau: Wolf erwarb einen Alfa Romeo Giulietta, 1,3 Liter, aus dem Jahre 1964. Ein aus heutiger Sicht sehr seltener BMW V8 502 Coupé war das nächste Schrauber-Projekt des Auto-Liebhabers. „Den hätte ich behalten sollen", sagt er heute etwas wehmütig, doch sein großer Traum war immer ein Citroën Traction Avant. Der sollte irgendwann sein Eigen sein. Um sich diesen Wunsch zu erfüllen, legte er stets einen Teil seines geringen Gehalts zurück und nebenbei wurde für einen wohlhabenden Arzt an verschiedenen Mercedes-Benz-Fahrzeugen geschraubt. Jede freie Minute wurde dazu verwendet, die berühmte „Gangsterlimousine" zu finden. Auf dieser Suche begegnete er 1973 einem Citroën-Händler französischer Abstammung. Aus diesem zufälligen Zusammentreffen entstand die Idee, gemeinsam mit dem Geschäftsmann im Nebenerwerb Fahrzeuge aus Frankreich zu importieren. Der gelernte Radio- und Fernsehtechniker erinnert sich gerne an diese Zeit zurück und hat sogar noch Fotos von damals. „Bis 1980 haben meine Kumpels und ich das gemacht", sagt er und reicht mir einen kleinen Stapel Bilder herüber. Ich bin beeindruckt, muss aber auch schmunzeln, denn auf den Fotografien ist mein Gastgeber, zusammen mit seinen Freunden, vor einem 60er-Jahre-Autotransporter zu sehen, der vollgepackt ist mit ... na klar: Citroën-Traction-Avant-Fahrzeugen, und zwar in allen Ausführungen!

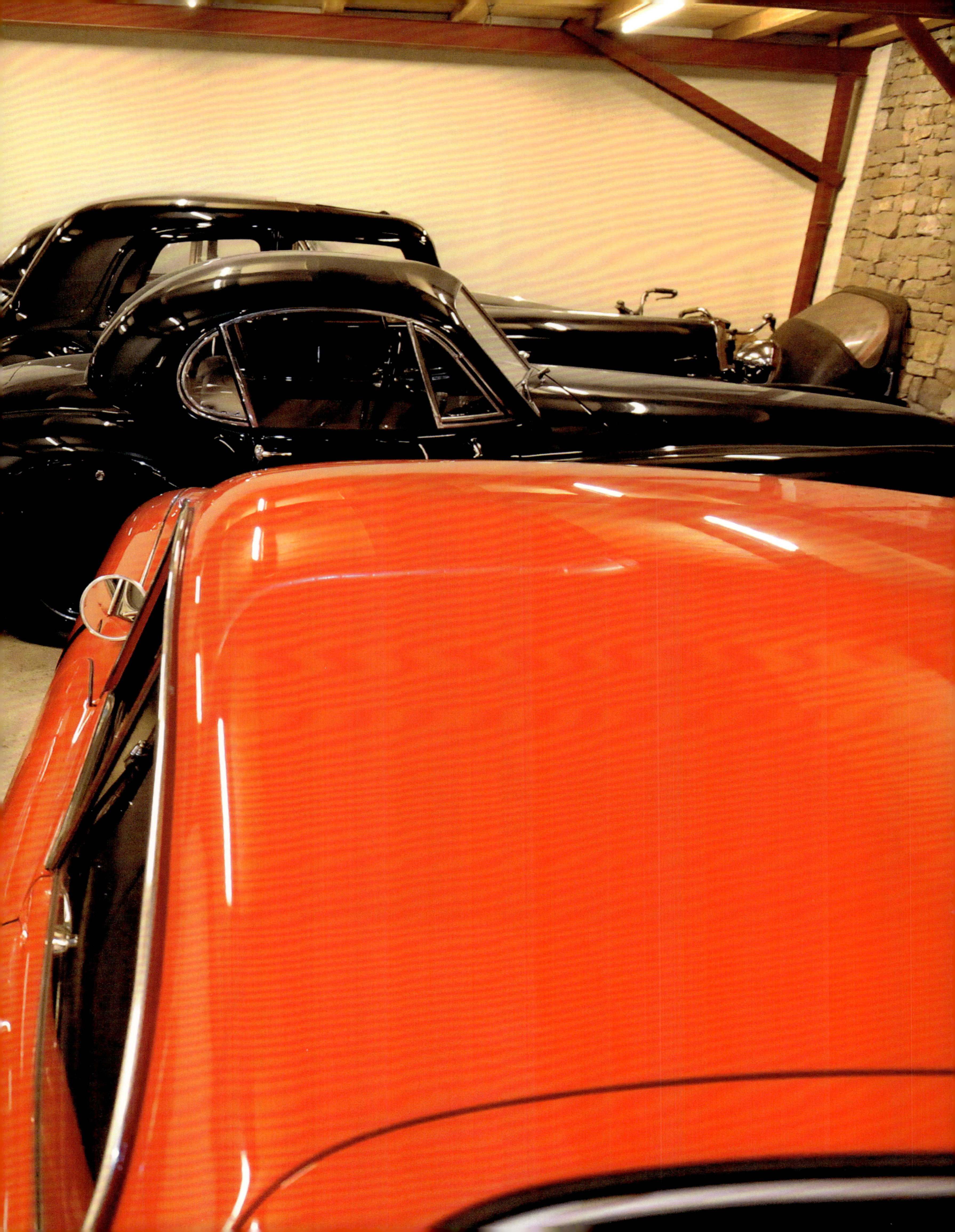

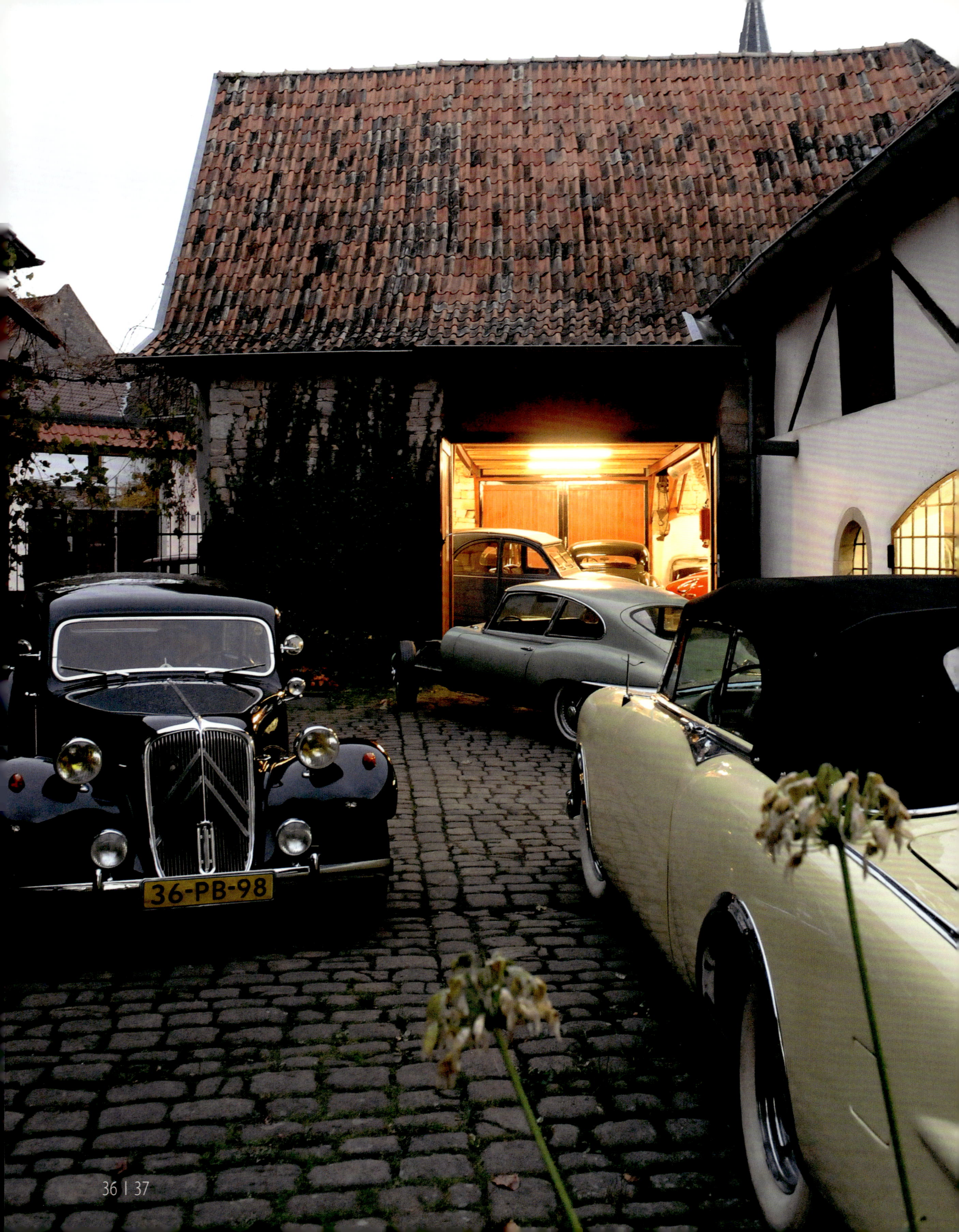
36-PB-98

Fast noch besser ist das Outfit der Herren: dick gefütterte Ledermäntel mit bunten Stickereien. Dazu lange Haare und Vollbärte. Es lebe die gute, alte Hippiezeit!

Eine Citroën-Kasten-„Ente" und eine DS waren später Wolfs ständige Begleiter, der sich nun ganz auf die Franzosen „eingeschossen" hatte. 1978 kam eine junge Frau auf ihn zu und wollte an ihrer Citroën ID einige Reparaturen durchführen lassen. Die Besitzerin der ID hieß Conny und kam fortan öfter bei Peter vorbei. Nach einem Jahr war das Auto fit und die beiden ein Paar. Zwei Jahre später kauften Peter und Conny einen alten Bauernhof, wo ich sie gelegentlich, wie auch für dieses Buchprojekt, besuche. Es sollte Platz für drei, vier Autos sein und sie wollten ruhig auf dem Land leben. So war der Plan. Zum Schrauben kam der Franzosen-Liebhaber nun weniger, denn die Sanierung der kleinen Hofreite nahm viel Zeit in Anspruch, da anfänglich nur ein Zimmer bewohnbar war. Weitere Zimmer wurden allerdings erst renoviert, als der ehemalige Kuh- und Pferdestall zur Werkstatt umgebaut war. Nun gelangt man von hier aus direkt in die Wohnküche – einfach genial! Das warme Licht in den Räumen verstärkt die Ruhe und Gemütlichkeit, die der Besitzer ausstrahlt.

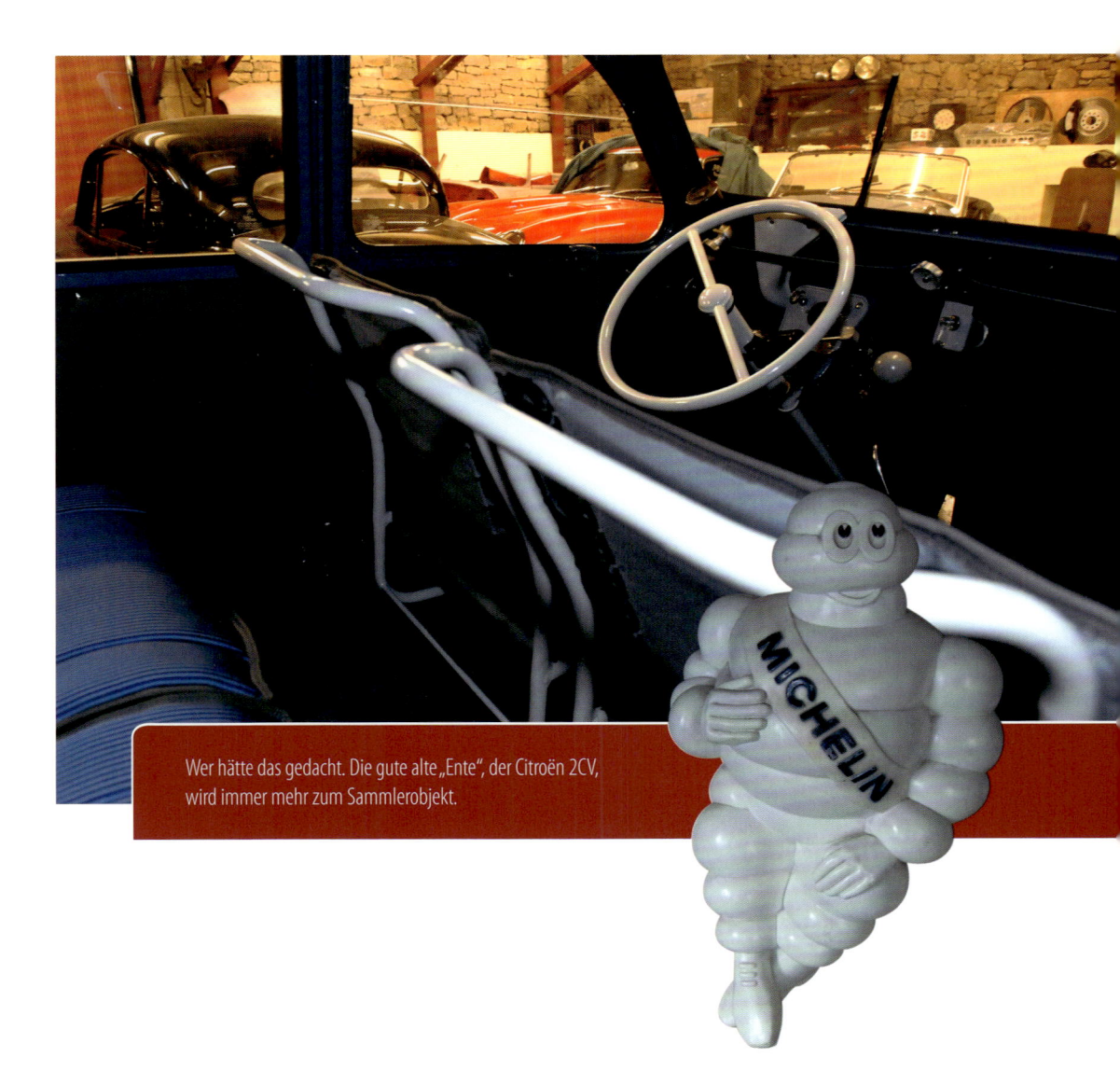

Wer hätte das gedacht. Die gute alte „Ente", der Citroën 2CV, wird immer mehr zum Sammlerobjekt.

Anfang der 80er Jahre bekam Wolf von seinem Bruder einen Mini 850 MK II aus den 60ern geschenkt, den er zum täglichen Pendeln zur Arbeitsstelle in die Stadt benutzte. In dieser Zeit habe ich meinen Führerschein gemacht und Peter Wolf kennengelernt. Sozusagen von Mini zu Mini, denn mein erster Wagen war auch ein Mini, ein 1100er Special mit Glasdach, das ich mir eingebaut habe – heute ein Verbrechen, damals aber „extrem cool". Der 850er Mini hat Peter Wolf sehr begeistert und gleichzeitig muss er wohl auch alle anderen Engländer lieben gelernt haben. Zwar hat er bis Ende der 80er Jahre noch viel an den Citroën-Fahrzeugen geschraubt, verschiedene DS waren dabei,

PETER WOLF

OFTMALS BEFINDEN SICH „TRAUMGARAGEN" AN ORTEN,
WO MAN AM WENIGSTEN DAMIT RECHNET.

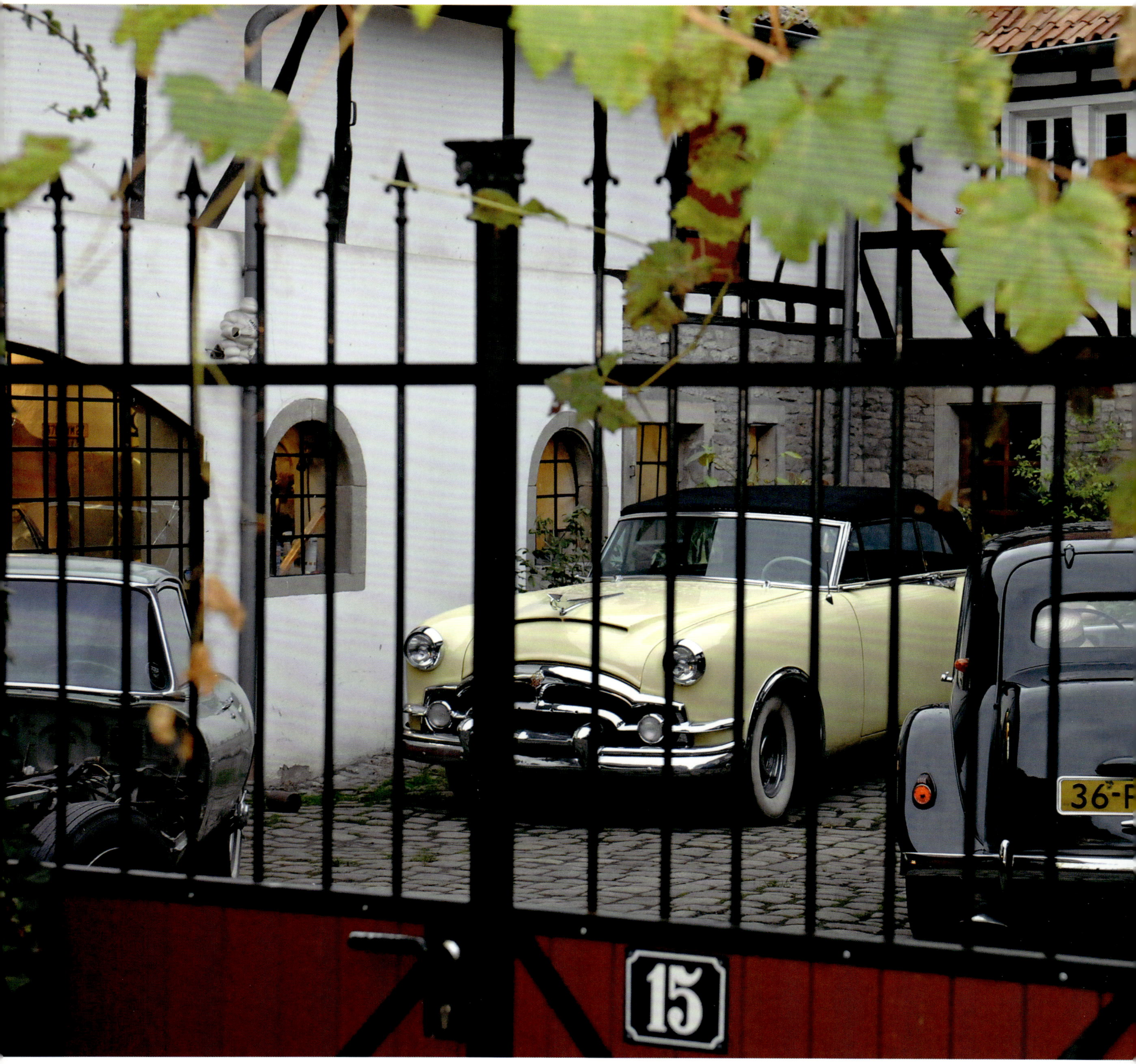
15
36-F

die den Traction Avant abgelöst hatten. Heute bastelt Wolf aber eher an Engländern. Jaguar, Mini und Triumph sind in seiner bunten Sammlung vertreten, der eine oder andere Franzose darf natürlich trotzdem nicht fehlen. Etwas ganz Besonderes ist der „englische" Traction Avant – ja, den gibt es tatsächlich! Dieses Auto besitzt er seit zwei Jahrzehnten und es wurde von ihm perfekt restauriert. Das Ungewöhnliche an diesem Auto ist, dass es das Lenkrad auf der rechten Seite hat und die Elektrik von Lucas stammt. Wolfs Lieblingswagen ist allerdings der knallrote Jaguar E S1, 4,2 Liter, 6 Zylinder, mit zwei obenliegenden Nockenwellen und vielen PS. Er lässt die „Flunder", wie Fritz B. Busch dieses Modell einst genannt hatte, regelmäßig „fliegen". So wie Jerry Cotton in den 60er Jahren durch die Straßen New Yorks preschte, muss es wohl aussehen, wenn Peter Wolf auf den Landstraßen unterwegs ist und das „waffenscheinpflichtige" Gefährt bewegt. Allerdings hatte Jerry Cotton einen anderen Haarschnitt. Peter Wolf ist seiner Frisur, die ich auf den Fotos aus den frühen 70er Jahren gesehen hatte, treu geblieben. Es muss jedoch nicht immer so hochmotorisiert zugehen. Denn viel Spaß hat Wolf auch mit seiner „Ur-Ente". „Da reichen auch mal 18 PS, um Brötchen zu holen", sagt er lachend.

Fast 30 Fahrzeuge waren in den 80er Jahren in seinem Besitz. Heute ist die Sammlung auf 13 „Schätzchen" reduziert. Keiner weiß, wie viele es morgen sein werden. Oder welche Nationalitäten dem Autonarr noch so in die Garage kommen. Denn seit seiner Hochzeit mit Conny im Jahre 1996, zu der die beiden standesgemäß in einem riesigen 53er Packard Cabrio eines Freundes gefahren wurden, liebäugelt Peter Wolf mit den amerikanischen Modellen. Doch ganz gleich, ob der nächste Wagen aus Frankreich, Italien, England oder Amerika stammen wird – eines steht jetzt schon fest: Er wird „ungewöhnlich" sein.

ENGLISCHE UND FRANZÖSISCHE
LEBENSKULTUREN LIEGEN MANCHMAL
GANZ NAHE BEISAMMEN.

Peter Wolf

Heidi Hetzer

„Ick hab nich viel Zeit!"

Ich kannte Heidi Hetzer schon vor meinem Besuch für das „Traumgaragen"-Buch und war sehr gespannt, was mich dieses Mal bei der charismatischen Dame in Berlin erwarten würde. Schon das erste Treffen, in einer anderen Sache, war ein prägendes Erlebnis, denn diese Frau ist, wie man sagt, „Power pur" und vor allem auch „frei raus". Sie ist darüber hinaus neben all den Männern die einzige Frau, die in diesem Buch mit ihrer schönen Sammlung historischer Fahrzeuge porträtiert wird. Wie die „Traumgarage" der 1937 geborenen Berlinerin aussehen würde, hatte mir bis dato keiner verraten können.

In ihrem Sekretariat weiß schon jeder Bescheid. Ich darf direkt in ihr Büro gehen und sehe mich augenblicklich in vergangene Zeiten zurückversetzt. Während ich noch die vielen Bilder, Preise und Pokale und die Sammlerstücke rund um die Marke Opel bewundere, tritt meine Gastgeberin herein. „Um was jeht's nochma? Ach ja, Sie wolln die Jarage sehen. Na denn los, ick hab nich viel Zeit", empfängt mich die resolute Dame und kaum bin ich meine Begrüßung losgeworden, befinde ich mich auch schon im „Hetzer-Sog", denn die erfolgreiche Unternehmerin ist immer auf dem Sprung und stets bemüht, effektiv zu sein. „Da wolln wir doch mal dit Anjenehme mit dem Nützlichen verbinden. An meim Oakland war was mit dem Jaspedal nich in Ordnung. Dit haben meine Jungs schnell jerichtet und der muss nu in die Jarage un Sie och ... na denn, fahrn Se doch mit, Herr Schmidt", fordert sie mich auf und ehe ich mich versehe, kutschiere ich mit der Grande Dame der deutschen Oldtimer-Szene in einem „sprotzenden" amerikanischen Wagen aus der Frühzeit des Automobilbaus durch Berlin. „Die Heidi", wie sie von vielen in der Szene nur genannt wird, fädelt vom Parkplatz ihres Autohauses rasant in den Großstadtverkehr ein und demonstriert mir ihren geschulten Rallye-Fahrstil. Nach einer kurzen Strecke zeigt sie mir auf der linken Seite eine Tiefgaragen-Einfahrt: „Hier is meine Jarage, ick fahr aber noch'n Stückchen, er läuft grade so schön!" – „Und das alles ohne Nummernschilder", denke ich und suche nach einer Möglichkeit, mich festzuhalten, denn das Gaspedal scheint mir wieder bestens zu funktionieren.

Bereits das Intro zur Garagenführung war wieder einmal so verblüffend wie „die Heidi" selbst und so bin ich mir, als wir endlich vor der Einfahrt der Tiefgarage stehen, sicher: Es wird noch besser kommen! Ich muss die zwei Rolltore öffnen, weil Frau Hetzer den 3-Liter-4-Zylinder-Motor des elfenbeingrauen Oakland Tourer „Modell 35" von 1913 „am Leben halten will". Kaum sind die Tore zur Hetzer'schen „Traumgarage" offen, prescht sie an mir vorbei, als ob ich mit der Starterflagge gewunken hätte. Ich laufe ihr nach, in die dunkle Tiefgarage, die neben den für ein Autohaus typischen Utensilien und verschiedenstem Hausrat die Objekte meiner Neugier beherbergt, rund zwei Dutzend sehr seltene Wagen aus dem vergangenen Jahrhundert.

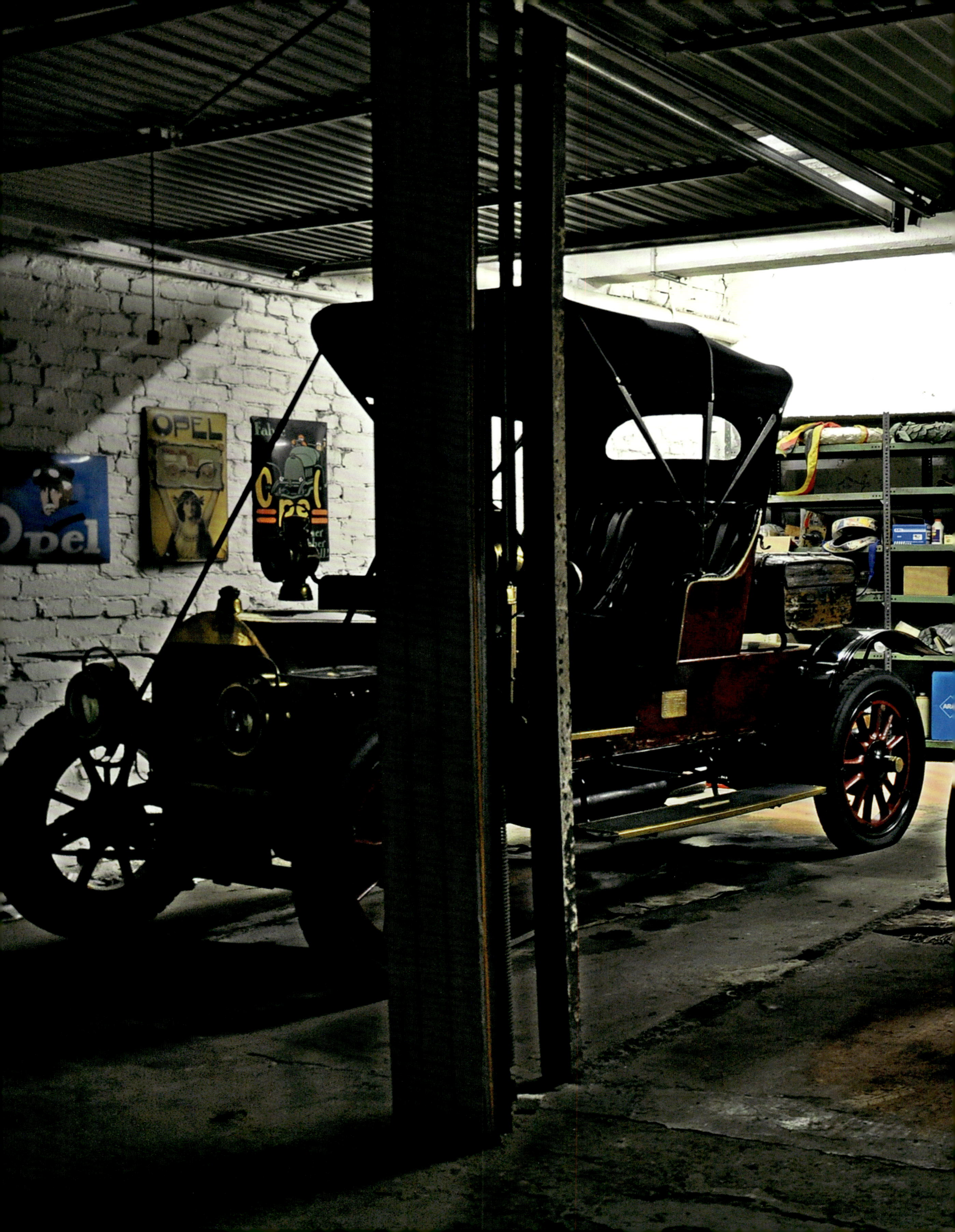
Opel
OPEL

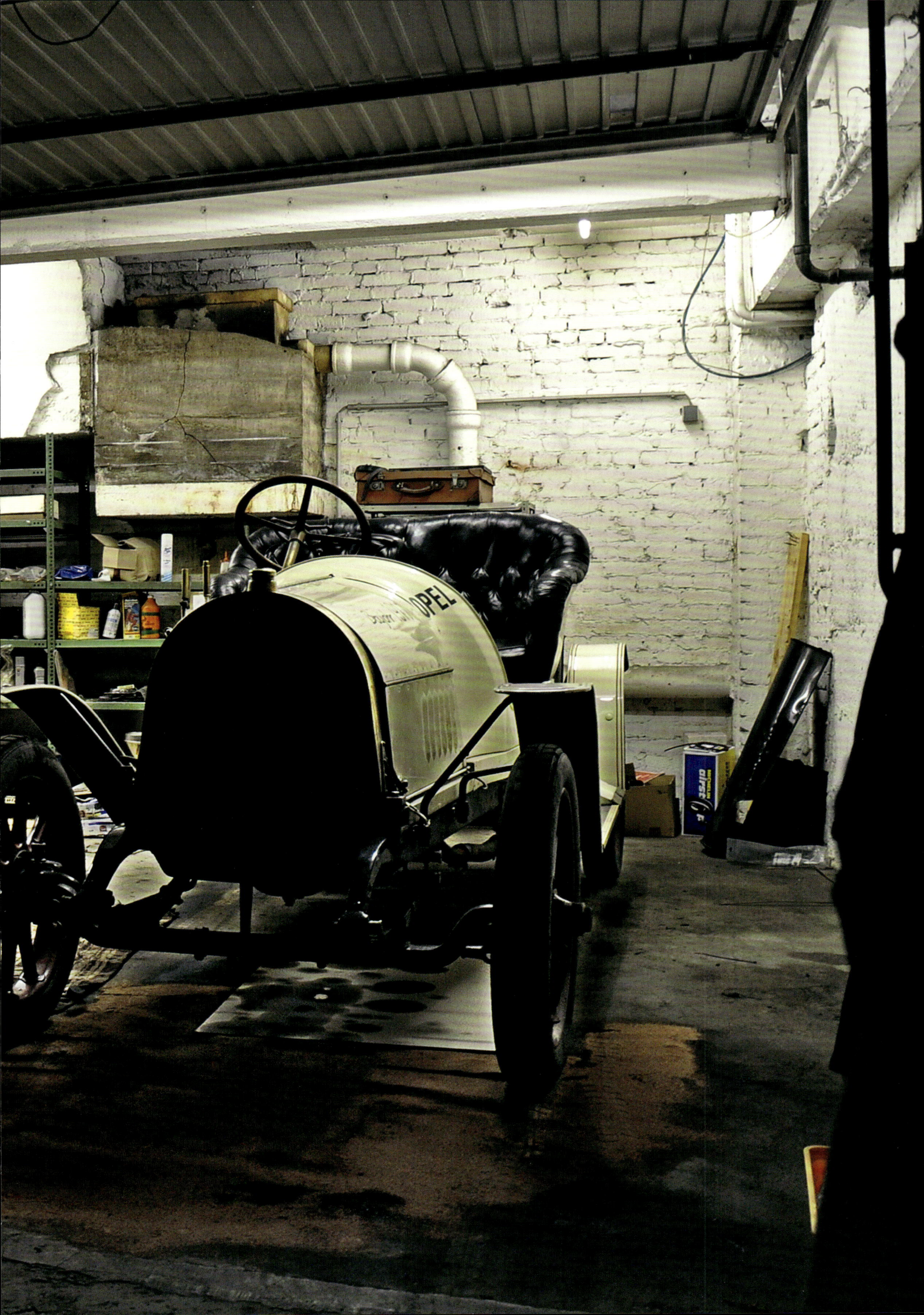
OPEL

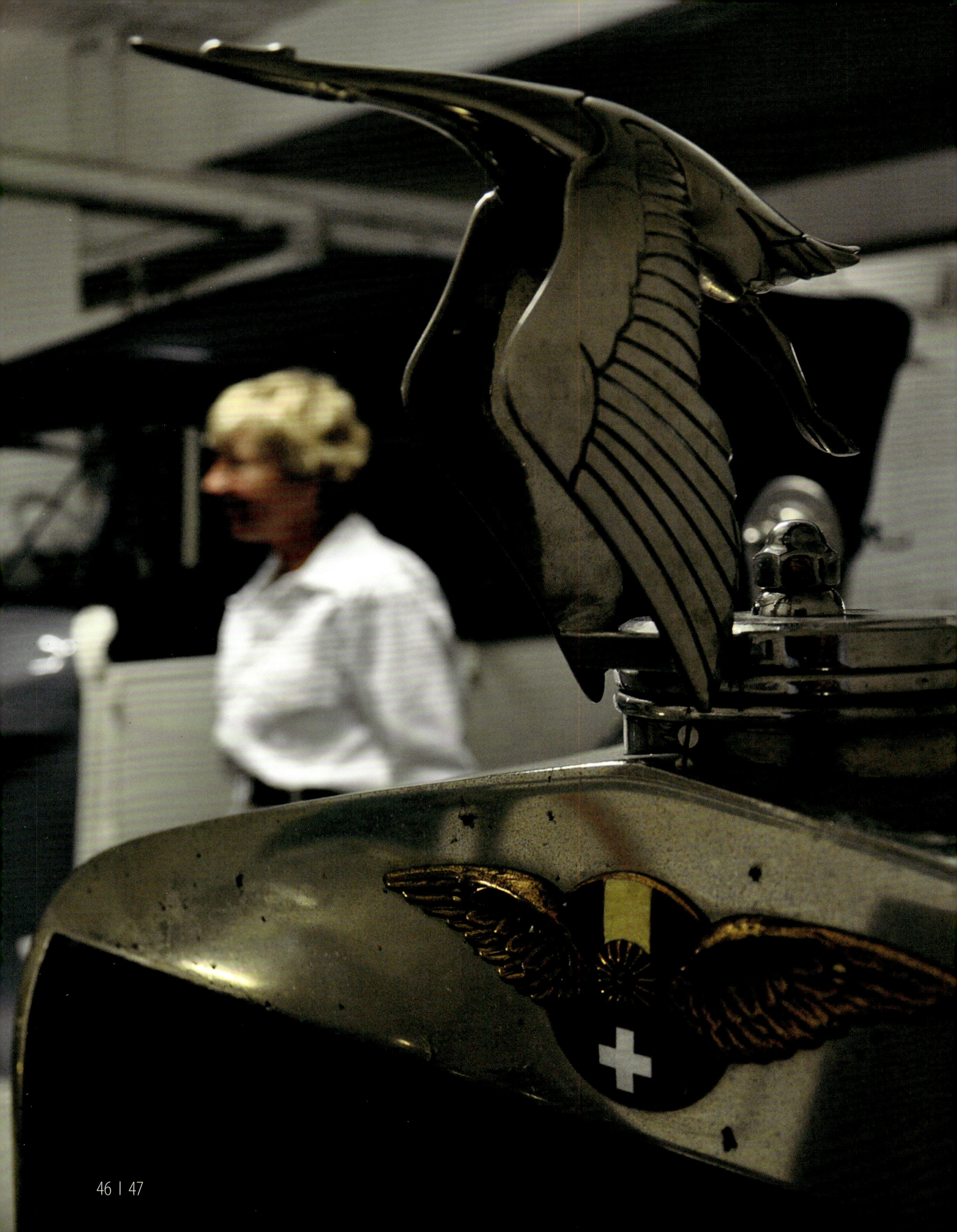

Bei einer Probefahrt mit ihrem Oakland bekam ich einen kleinen Eindruck, wie es sich anfühlen könnte Beifahrer bei einer unerschrockenen Rennlegende zu sein.

CARRIER
MAN
Einfahrt freihalten!
Parken verboten!

HETZER
SV 4661

„Düsseldorf–Shanghai"
fuhr sie im Jahre 2007
mit dem Opel Rekord A.
In ihrem 80. Lebensjahr
will sie auf den Spuren
von Clärenore Stinnes mit
ihrem Hispano Suiza H6
die Welt umrunden.
Dass sie das anpacken
und schaffen wird,
ist mir nach diesem
eindrucksvollen Tag in
Berlin ohne Zweifel klar.

Als Frau vom Fach hält Heidi Hetzer die Oldtimer selbst in Gang, prüft Flüssigkeiten und Luftdrücke, lädt Batterien und „wurschtelt so allerlei an den Autos". Während sie mich durch ihr Reich führt, lässt sie immer wieder verschiedene Wagen an, um zu testen, ob diese startklar sind. Es könnte ja sein, dass sie morgen Lust auf eine Ausfahrt hat. „Mal sehn, ob die Batterie des Opel Monza nun endlich voll ist. Die lad ick schon ne Weile", fachsimpelt die Ur-Berliner Schnauze. Stecker ab, reingesetzt, mehrfach das Gaspedal betätigt und los geht's. „Er läuft, prima ... und jetze noch die Corvette, die hat nen tollen Sound, Herr Schmidt", sagt sie begeistert und führt mir den nächsten Wagen vor. Es ist ein Hochgenuss, Frau Hetzer zu erleben, wie sie freudestrahlend die Garage mit ohrenbetäubendem Lärm und Abgasen füllt. Auch wenn man es in diesem Moment nicht recht glauben mag, so ist dies doch zugleich auch ein Ort der Ruhe für die engagierte Geschäftsfrau. Hier ist sie für sich und kann Kraft tanken. Heidi Hetzers „Traumgarage" liegt zwar nur etwa 200 Meter Luftlinie von ihrem Büro entfernt, trotzdem ist der Weg lang genug, um an dessen Ende in einer anderen Welt anzukommen.

Hier unten finden sich neben einem Opel „Doktorwagen" von 1909 und dem Opel-Rennwagen von 1911 auch ein Rekord, ein Manta, ein Monza und natürlich ein GT. Außerdem weitere Autos der Marke Opel aus den 60er bis 80er Jahren, die ihr „zujaufen kommen", wie sie sagt. Wenn einer seinen Wagen gerne in guten Händen wissen will, kann sie nicht nein sagen. So landen sie bei ihr in der Sammlung. Sie zeigt mir auch andere Marken, die hier vertreten sind. Zum Beispiel die bereits erwähnte Chevrolet Corvette aus dem Jahre 1957 im Rennlook. Der feuerrote Ami hat es der Motorsportlerin besonders angetan. Mit dem mächtigen Hispano Suiza H6 aus dem Jahre 1921 mit 6,6-Liter-Motor und 135 PS ist sie sehr gerne auf Rallyes unterwegs und begeistert die Zuschauer, wenn sie braun gebrannt im weißen Overall und passender Mütze winkend und lächelnd vorbeirast. Dabei verbraucht sie übrigens 25–30 Liter Sprit pro 100 Kilometer.

Wie bei vielen Sammlern, die ich für das vorliegende Buch besuchte, war es auch bei Heidi Hetzer der Vater, der die automobile Leidenschaft an sie vererbte. Dieser hatte im Jahre 1919 in Berlin begonnen, mit Victoria-Motorrädern zu handeln, und war 1933 dann auf die vierrädrigen Fahrzeuge der Firma Opel umgestiegen. Die Tochter,

DIE FUTURISTISCHE OPEL MOTOCLUB
AUS DEN 20ER JAHREN WAR IHRER
ZEIT VORAUS.

Donnert die Corvette, freut sich „die Heidi". Kaum zu glauben mit welcher Freude sie mir das Grollen des V8 vorführt. In dieser niedrigen Garage ein bleibendes Erlebnis.

die nach der Schule eine Ausbildung zur Kfz-Mechanikerin absolvierte, ist seit 1964 im väterlichen Autohaus aktiv, fünf Jahre später hat sie die Führung des Familienbetriebes übernommen. Frau Hetzer kann aber noch in einem anderen Sinne als „Auto-Pionierin" der Nachkriegszeit gelten: Sie ist die Rennfahrerin unter den hier Porträtierten und hat eine lange und bewegte Karriere hinter sich. Schon im zarten Alter von 16 Jahren, 1953, fuhr sie mit einer NSU Lambretta ihr erstes Rennen, hat sich seitdem besonders als Rallye-Fahrerin einen Namen gemacht und rund 150 Preise mit nach Hause gebracht. Bei der Oldtimerei gehe es ihr um „das Unterwegssein, das Sehen und Gesehenwerden, das Schnellsein und vor allem um das Gewinnen", erklärt mir die Berlinerin. Ehrgeizig war und ist sie immer, sowohl im Beruf wie auch im Privaten. Beifahrer nimmt sie bei ihren Rallyes nur mit ins Auto, „wenn sie gut sind", denn schließlich will sie ja vorne dabei sein, wenn am Schluss „die Rechnung gemacht wird".

Heidi Hetzer tut alles mit großer Leidenschaft und reißt ihr Umfeld förmlich mit. Ich glaube fast, sie hat sogar ihren angekündigten Friseur-Termin vergessen, denn sie hört gar nicht mehr auf, Geschichten von ihren Autos zu erzählen, die alleine ein Buch füllen könnten. So wie die Story von dem orange-weißen Opel Rekord A Coupé aus dem Jahre 1964. Mit ihm fuhr Frau Hetzer im Jahre 2007 die Oldtimer-Rallye „Düsseldorf–Shanghai". „Das muss ihr erst mal einer nachmachen", denke ich und bin sehr beeindruckt von der Courage und Vitalität dieser Frau. Sie scheut keinen Weg und hat keine Angst vor Pannen. Sie schraubt dann schon

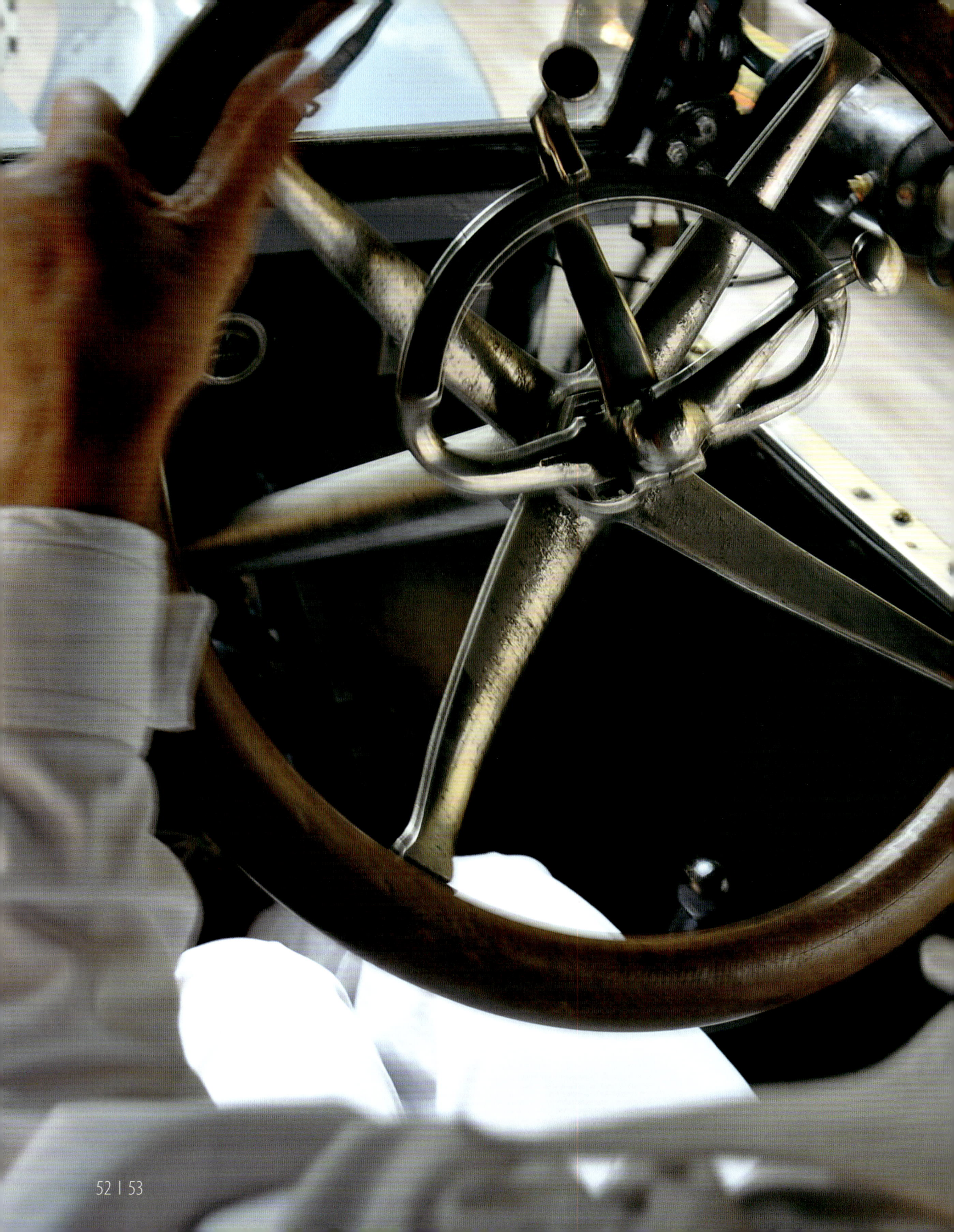

„zwei- oder dreimal neue Kerzen unterwegs in den heißen Motorblock, um das Ziel zu erreichen", berichtet sie. Auf den Spuren von Clärenore Stinnes, der Tochter des bekannten Großindustriellen aus Mülheim/Ruhr, die 1927 als erster Mensch mit dem Auto die Welt umrundete, möchte Heidi Hetzer 2015 einmal rund um den Erdball fahren. Mit dem Hispano Suiza will sie das Abenteuer wagen und genau wie Clärenore zwei Jahre unterwegs sein. „Wenn ick noch lebe, mach ick das!", sagt sie voller Enthusiasmus. Bei all

Ernst Neumann-Neander entwickelt wurde, würden andere Sammler akribisch herrichten und als Schmuckstück präsentieren – das Hetzer'sche Modell steht teilrestauriert und auf platten Reifen an die Wand gelehnt. Allerdings würde sie sich nie davon trennen, denn „da hab ick Vatis Nummernschild, die IA 9 aus den 20ern dranjemacht", sagt sie und zeigt mir stolz noch eines der Original-Händlerschilder mit dem Namen Hetzer, die damals bei Kauf eines Wagens „dranjeschraubt" wurden.

Mit dem mächtigen Hispano Suiza H6 aus dem Jahre 1921 mit 6,6-Liter-Motor und 135 PS ist sie sehr gerne auf Rallyes unterwegs.

der Leidenschaft sind ihr die Fahrzeuge jedoch nicht heilig, sondern geliebte Gebrauchsgegenstände. So erklärt sich auch ihr lässiger Umgang mit ihnen. Die Opel Motoclub beispielsweise, das legendäre Motorrad, das Opel in den 20er Jahren baute und einst von

DIE OLDTIMER
2010

4. Int. Rhein-Main
Oldtimer-Rallye 20...
2. Platz Kl...

3. Int. Rhein-Main
Oldtimer-Rallye Heidesheim
14.8.93 ältestes Auto

PANORAMABLICK DURCH DIE GARAGE VON HEIDI HETZER

Zum Thema Motoclub musste ich an dieser Stelle als alter Rüsselsheimer natürlich ein deutliches Veto einlegen. „So geht das nicht, Frau Hetzer", habe ich sie, salopp gesagt, anjeschnauzt, „das tut mir in der Seele weh!" Wir haben dann gemeinsam die Opel-Rarität auf den Zentralständer aufgebockt, neue rote Reifen organisiert und weitere notwendige Schritte zur Fertigstellung der Restauration eingeleitet. Frau Hetzer hat mir das nicht übel genommen, ganz im Gegenteil: Sie ruft mich nun sogar gelegentlich an, um über die Fortschritte ihres Rüsselsheimer Motorrads zu berichten. Das Gespräch beginnt meist mit den Worten „Ick hab nich viel Zeit ..." und endet frühestens nach einer halben Stunde.

Heidi Hetzer

Hans-Günter Zach

„Mit dem Urknall begann alles!"

Ich stehe auf dem Parkplatz eines Industriegebäudes in Mühlheim am Main und warte, bis es zehn Uhr ist. Ich wollte unbedingt pünktlich sein und war frühzeitig zu diesem Termin losgefahren, denn es ist das erste Interview und der erste Fototermin für das „Traumgaragen"-Buchprojekt. Fünf vor zehn werde ich sehr freundlich von Hans-Günter Zach begrüßt. Ich erläutere kurz mein Vorhaben und werde ohne Vorwarnung einfach „ins kalte Wasser geworfen": Mein Gastgeber zögert nicht lange und öffnet eine Stahltür, die direkt aus dem Büro-Entree in eine große Industriehalle führt.

Ich trete ein und bin zunächst sprachlos, ich verharre einen Moment und versuche mich zu orientieren. Vor mir schwebt ein Rolls-Royce, der, wie sich später herausstellt, „nur" ein Theaterkulissen-Fahrzeug aus Holz und ohne Motor ist. Es scheint mir anfänglich unmöglich, all die auf den ersten Blick nicht zusammenpassenden Dinge, die Hans-Günter Zach hier in seiner „Traumgarage" zusammengetragen hat, aufzunehmen und die dahinterstehende Motivation zu begreifen. Doch hier hat alles System. Dies wird schnell klar, wenn der Unternehmer vom Main seine Geschichte erzählt.

Sie beginnt im Jahr 1968, dem Jahr, in dem sich Zachs damaliger Arbeitgeber einen Rolls-Royce Silver Shadow kaufte. Zach, dessen Tätigkeit als Schlosser ihn sehr oft in die Häuser von wohlhabenden Menschen führte, war schon immer von deren luxuriösem Lebensstil begeistert. Die nagelneue Nobellimousine seines Chefs und die erlesene Wohnkultur der gut Betuchten, für die er tagtäglich arbeitete, beeindruckten ihn so sehr, dass er sich schwor, fortan so viel und so hart zu arbeiten, dass auch er sich eines Tages seine eigene exklusive Einrichtung leisten könnte – und natürlich einen eigenen Rolls-Royce.

Und so wurde aus dem Schlosser von damals bald ein erfolgreicher Geschäftsmann, der mit gebrauchten Industriemaschinen handelte. Hin und wieder gönnte er sich von dem Verdienten den einen oder anderen Kunstgegenstand, suchte leidenschaftlich nach alten Möbelstücken und 1994 war es dann endlich so weit: Zu seinem 50. Geburtstag schenkte sich Hans-Günter Zach einen schwarzen Rolls-Royce Corniche Cabriolet „mit 6,8 Liter Hubraum und 225 PS", wie er mir stolz erzählt. In einer seiner beiden Industriehallen wurde dafür extra ein kleiner Bereich mit einer Trennwand abgeteilt, damit das „Schmuckstück sicher und trocken verwahrt" werden konnte. In dieser Zeit muss der Sammelvirus bei Zach ausgebrochen sein, denn heute ist die Trennwand von damals längst abgebaut. Es wurden weitere Rolls-Royce dazugekauft und die Industriehalle nach den Ideen von Hans-Günter Zach komplett umgestaltet. So entstand innerhalb von zehn Jahren, ohne dass dies beabsichtigt gewesen wäre, das wohl berühmteste private Rolls-Royce-Museum der Welt, zu dessen Fuhrpark mittlerweile auch zwei Bentleys gehören. Der absolute Höhepunkt der Sammlung ist der „Stern von Indien". Dieses Fahrzeug,

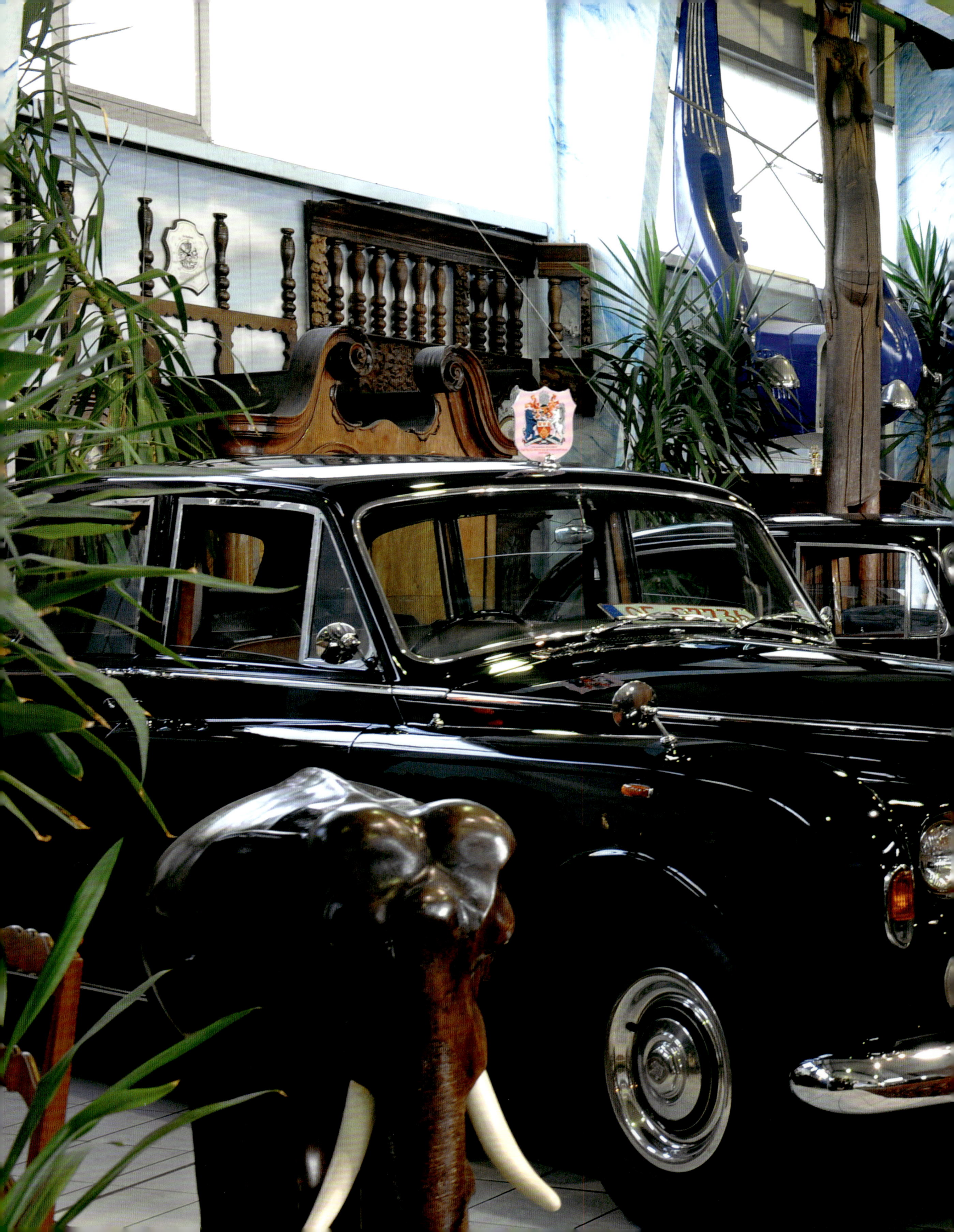

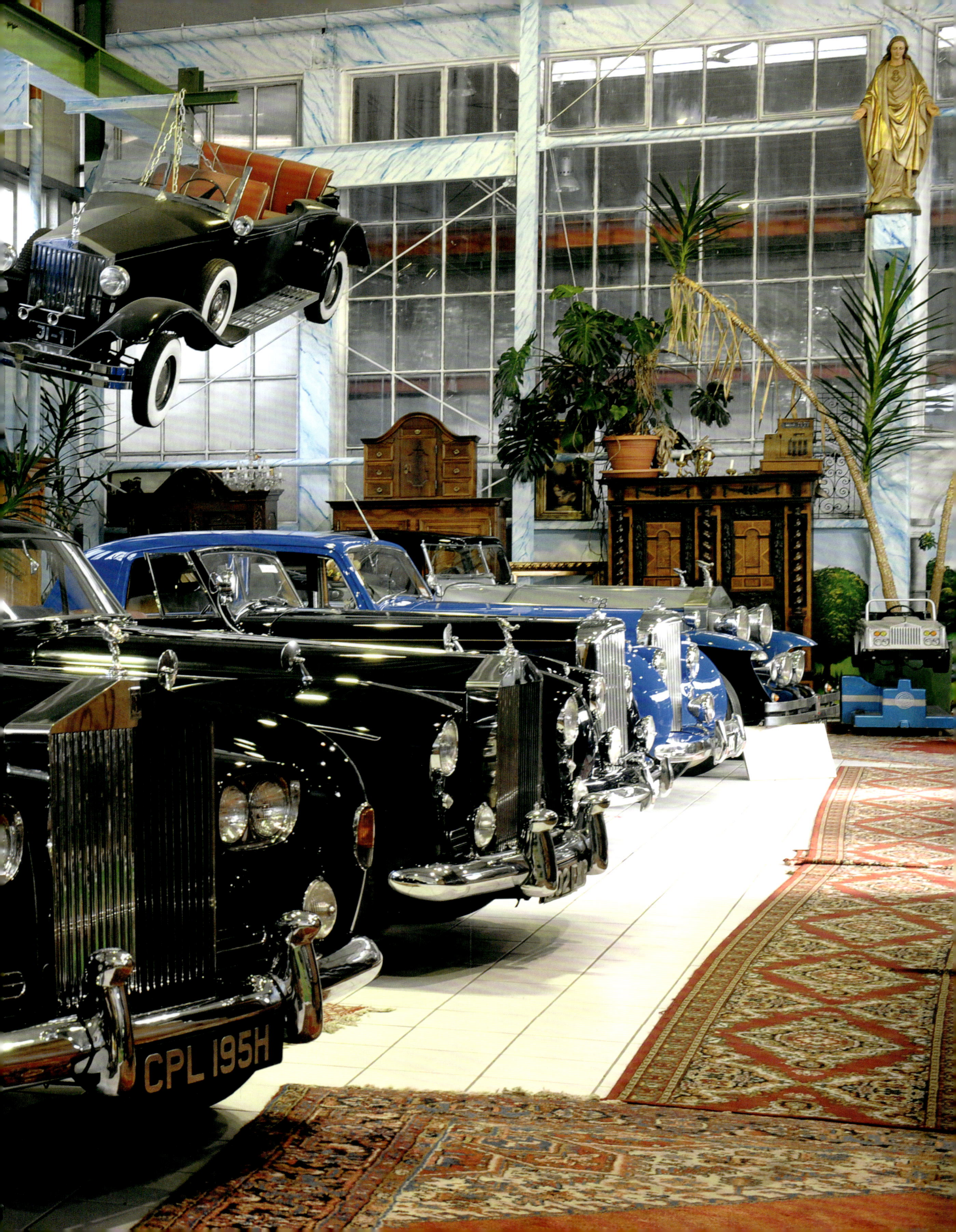
JI-1
CPL 195H

einen Sinn ergeben." Und wohl gerade aus diesem Grund liebt er die Automobile der Marke Rolls-Royce so sehr, die für ihn zum Synonym für die hohe Kunst des Fahrzeugbaus geworden ist. Dabei hat es ihm vor allem der Kühler angetan: „Der Kühler symbolisiert ein Portal. Der obere Bereich stellt ein Tympanon dar, das den RR-Schriftzug als Schmuck trägt, und unten sehen Sie die Säulen, die es stützen", schwärmt der leidenschaftliche Sammler. Aus Freude am Handwerklichen – und „weil Kühler nun mal zum Kühlen da sind" – hat Zach einen alten Tresor zur Bar umbauen und mit einem Rolls-Royce-Kühler nach dem Vorbild des Phantom II verkleiden lassen, der nach eigenen Konstruktionszeichnungen im Maßstab 2:1 aus massivem Messing angefertigt und komplett verchromt wurde. Er dient nun dazu, seine Gäste bei Führungen mit einem gekühlten Schnäpschen zu versorgen – denn manch einer braucht eine Abkühlung oder Stärkung bei so vielen überwältigenden Eindrücken.

ein Rolls-Royce Phantom II aus dem Jahr 1934 mit der stattlichen Länge von 5,80 Metern, gehörte einst dem Maharadscha von Rajkot und wurde nach dem größten Sternsaphir der Welt benannt, dem 563 Karat schweren „Star of India". Doch obwohl dieser wahrscheinlich berühmteste Rolls-Royce zu seiner Sammlung gehört, hat Zach keinen Favoriten: „Alle diese Wagen haben ihren eigenen Charme und ihre unverwechselbare Historie", erklärt mir der Geschäftsmann aus Mülheim.

Die 27 Fahrzeuge der Sammlung sind von wertvollen Möbelstücken, Kunstgegenständen, Skulpturen und Lichtobjekten verschiedener Epochen umgeben, die „alle mit großer handwerklicher Kunst gefertigt sind", auf die Hans-Günter Zach großen Wert legt: „Handwerk und Kunst müssen

Alle Wände sind mit aufwendigen Malereien geschmückt, auf denen die unterschiedlichsten Szenarien und Motive zu sehen sind. Eines der Gemälde zeigt beispielsweise den Weltraum, ein anderes das Taj Mahal, vor dem passenderweise der „Stern von Indien" platziert ist. An anderer Stelle begegnen wir dem berühmten Gefährt noch einmal, diesmal allerdings in gemalter Form: Hier ist Zach selbst verewigt, wie er, flankiert von seinen Hunden, im „Stern von Indien" an Schloss Windsor sowie Queen Elizabeth II. und ihrem Gatten Prinz Philip vorbeifährt. Zachs Ehefrau beobachtet die Szene aus einem Fenster des Schlosses. Ein weiteres Bild zeigt „den wunderschönen

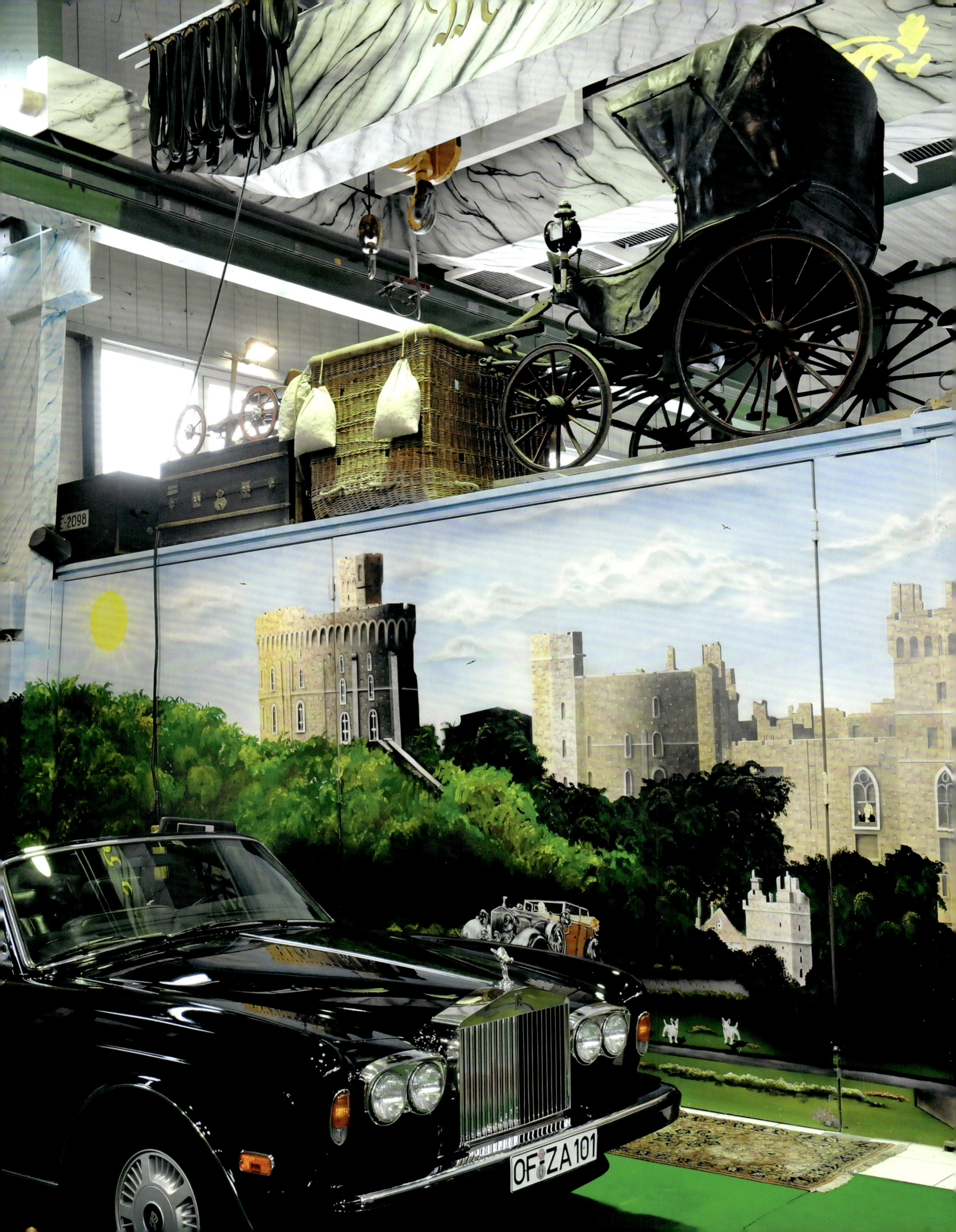
OF ZA 101

UNVORSTELLBAR IST DIE OPULENZ DER FAHRZEUGE UND DIE GANZE AUSSTATTUNG SEINER RÄUME. MANCHMAL KOMMT ES MIR SO VOR, ALS KÖNNTE ZACH SICH SELBST NICHT VORSTELLEN, WIE ER ZU DIESEM UNFASSBAREN GESAMTKUNSTWERK GEKOMMEN IST.

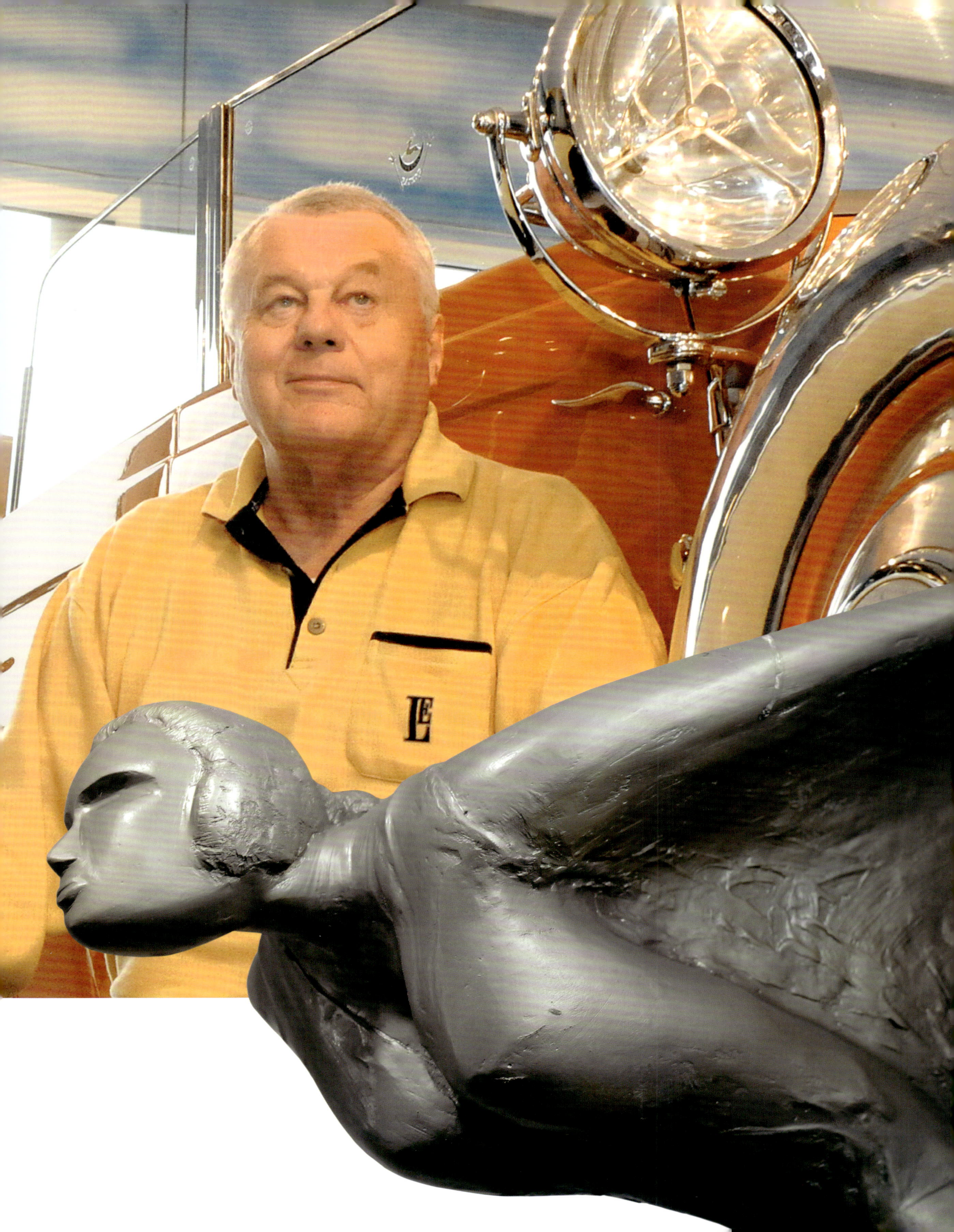

STERN VON INDIEN
EHRENPREIS
25 Jahre
OLDTIMERRALLYE WIESBADEN
Hesse Motor Sports Club

„DIE MUTTER GOTTES UND DER HERRGOTT HABEN DIE MENSCHEN ERSCHAFFEN", ERKLÄRT ZACH WEITER UND ZEIGT DABEI AUF DIE BEIDEN GROSSEN CHRISTLICHEN HOLZFIGUREN, DIE ÜBER DIE HALLE WACHEN, „UND DIE MENSCHEN HABEN DIE KUNST UND DIE MASCHINEN GESCHAFFEN. KUNST UND MASCHINEN, DAS IST DAS, WAS SIE HIER UNTEN SEHEN."

68 | 69

Ausblick von der Terrasse meines Wochenendhauses", die der Eigentümer wohl für immer festhalten wollte.

Diese Wandmalereien, die alle von Zach selbst entworfen und von dem ortsansässigen Künstler Joachim Bihler ausgeführt wurden, sind sehr detailverliebt, auf ihnen verstecken sich viele verspielte Kleinigkeiten, die man oft erst auf den zweiten Blick entdeckt. Und sie spiegeln, ebenso wie manches Ausstellungsstück, die Lebensphilosophie des Sammlers wider. So ist auf vielen Gemälden und in allen Räumen eine hell leuchtende Sonne zu sehen, die mit ihrem kräftigen Licht den Raum förmlich zu fluten scheint. An einer Stelle ist sogar der Urknall symbolisch dargestellt. „Mit dem Urknall begann alles, die Erde und die Sonne sind so entstanden. Ohne Sonne gibt es kein Licht und kein Leben", erläutert Hans-Günter Zach. Dabei steht die Urknall-Theorie für ihn keineswegs im Widerspruch zu seinem Glauben, zu dem er erst spät gefunden hat, der heute jedoch ein fester und wichtiger Bestandteil seines Lebens ist. „Die Mutter Gottes und der Herrgott haben die Menschen erschaffen", erklärt Zach weiter und zeigt dabei auf die beiden großen christlichen Holzfiguren, die über die Halle wachen, „und die Menschen haben die Kunst und die Maschinen geschaffen. Kunst und Maschinen, das ist das, was Sie hier unten sehen." Dabei blickt der Sammler zufrieden durch seine „Traumgarage". Menschen, Kunst, Maschinen – dies steht in gotischer Schrift auch auf dem in Marmor-Optik handbemalten 25-Tonnen-Kran, der hoch oben über allem schwebt und um den Zach einst persönlich die große Industriehalle konstruierte.

Und auch für mich schließt sich nun der Kreis: Zach sammelt alles, was ihm gefällt, und das macht diese Kollektion einmalig. Das, was zu Anfang verwirrte, passt plötzlich zusammen und ich gehe noch einmal mit einem anderen Blick über die zahlreichen Orientteppiche durch die Halle. Immer wieder entdecke ich neue Dekorationen und Arrangements in den Vitrinen. Die eine oder andere altehrwürdige Sitzgelegenheit gibt einem bei dem Rundgang die Möglichkeit, kurz zu verweilen, sich auszuruhen und durchzuatmen, dies alles auf sich wirken zu lassen und zu verstehen.

Der passionierte Sammler hofft, dass seine „Traumgarage" einen Sinn ergibt. Er ist glücklich über die vielen Menschen, die er bereits durch seine Sammlung führen durfte, und voller Stolz, wenn sich die Besucher mit ihm an seinen Automobilen und dem von ihm geschaffenen einzigartigen Ambiente erfreuen. „Das ist Lohn genug", sagt Zach, der ein Sparschwein für seine Gäste aufgestellt hat und die „Spenden" stets uneigennützig einem guten Zweck zukommen lässt. Dabei bedenkt er besonders Not leidende Kinder, aber auch andere karitative Initiativen werden von ihm unterstützt. Für dieses mitmenschliche Engagement hat Zach im Jahr 2006 sogar das Bundesverdienstkreuz erhalten.

Hans-Günter Zach ist eben ein Perfektionist mit großer Vorstellungskraft, der mit noch größerer Hingabe seinen ganz eigenen Traum lebt und mir mit viel Freundlichkeit, Energie und Witz einen unvergesslichen Tag geschenkt hat.

Hans-Günter Zach

Werner Kasper

„Mein erstes Auto war ein Mini!"

Als ich Werner Kasper frage, wie er zu seinem Hobby gekommen ist, sagt er nur: „Mein erstes Auto war ein Mini ...", und mir ist alles klar.

1971, Werner Kasper hatte noch keine Fahrerlaubnis, stand der drei Jahre alte 1000er Austin Mini schon auf dem elterlichen Hof. Drei lange Monate waren noch zu überbrücken, bis Kasper die Führerscheinprüfung ablegen konnte, und so musste „improvisiert" werden: Am späten Abend, wenn die Eltern schliefen, wurde der Mini leise die abschüssige Ausfahrt hinuntergeschoben, defensiv gestartet und „auf Tour gegangen". Tief in der Nacht musste das Gefährt dann allerdings die Einfahrt wieder hinaufgeschoben werden, anstrengend – aber keiner hat je etwas davon erfahren. Weder seine Eltern noch die Freunde und Nachbarn konnten damals ahnen, was da noch alles auf sie zukommen würde.

Zunächst musste der Vater davon überzeugt werden, dass sein Sohn Werner dringend eine Grube neben der Garage zum Schrauben brauchte. Die Grube wurde kurz darauf überdacht und mit einer Seitenwand versehen – so entstand seine erste eigene „Traumgarage". Von einer Baugenehmigung ist nichts bekannt.

Nach dem Auszug aus dem elterlichen Zuhause mietet Werner Kasper mit Freunden ein großes Haus, die vorhandenen Zimmer werden gerecht aufgeteilt. Er verzichtet auf ein zweites Zimmer im Haus, vereinnahmt dafür aber die dazugehörige Doppelgarage und richtet sich in derselben seine zweite „Traumgarage" ein, doppelt so groß wie die erste! „Man kann nie genug Platz haben", sagt er schmunzelnd. Hier restauriert und repariert er die fahrbaren Untersätze seiner Schulkameraden und späteren Kommilitonen, schließlich wollen der Lebensunterhalt und das Studium auch finanziert werden. Unnötig zu erwähnen, dass der Autofreak in dieser Zeit häufiger in seiner Doppelgarage als im Hörsaal anzutreffen ist.

Voll ausleben kann er seine automobile Leidenschaft dann während der spät begonnenen Ausbildung zum Kfz-Mechaniker, die er „in Rekordzeit" absolviert, wie Kasper nicht ohne Stolz hinzufügt. Bei der Abschlussprüfung habe er auf die entsprechende Frage seines alten Lehrmeisters zwar die Zündfolge des VW-Käfer-Motors nicht nennen können, dafür aber als Alternativantwort angeboten, die Zündfolge des 12-Zylinder-Jaguar-Motors zu erläutern.

Der Austin Mini hatte schnell Gesellschaft bekommen: Zunächst erstand Kasper „für 200 DM an der Tankstelle" seinen ersten MG B, dann für 6.000 DM einen Jaguar MK II – „der erste Fehlkauf", wie er gesteht. Dafür mussten dringend Ersatzteile aufgetrieben werden. Kein leichtes Unterfangen, denn damals gab es noch keine Oldtimer-Zeitschrift, kein Internet und nur sehr wenige Ersatzteilhändler. Ab und zu schlich Kasper beim legendären Jaguar-Händler Peter Lindner in Frankfurt über den Hof und entdeckte dabei niemals zuvor gesehene Raubkatzen-Modelle – Traumwagen, die er später einmal selbst besitzen sollte.

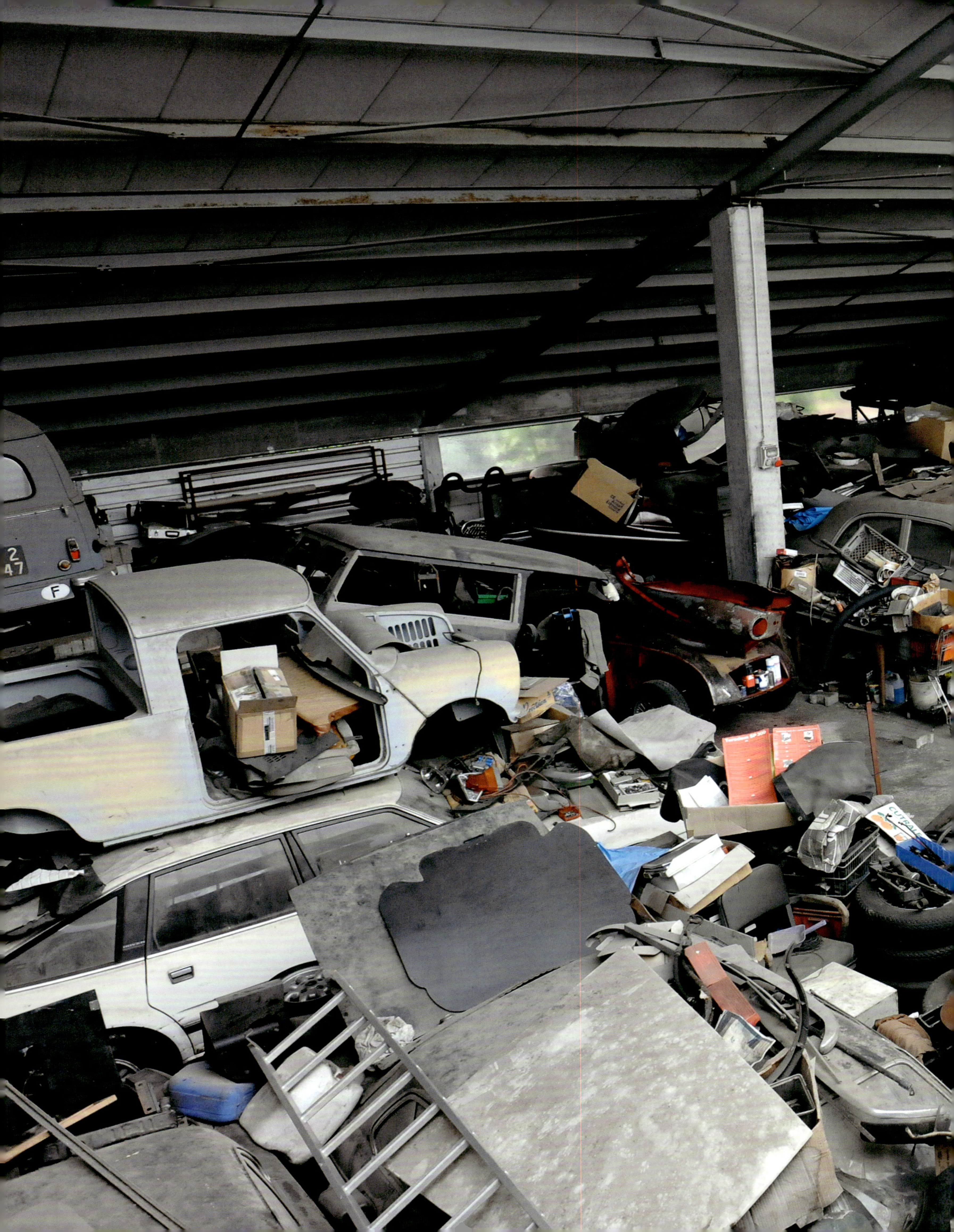
2
47
F

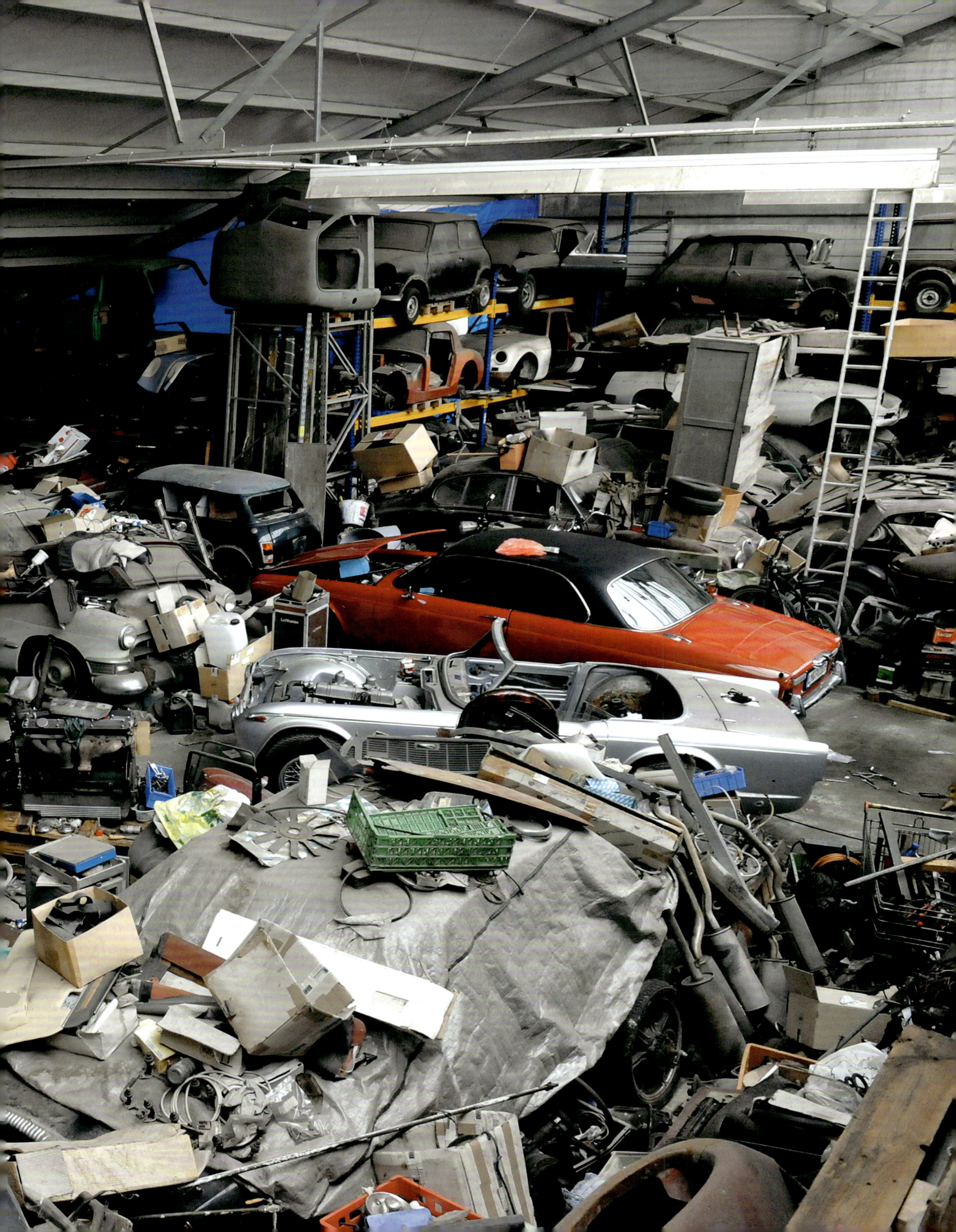

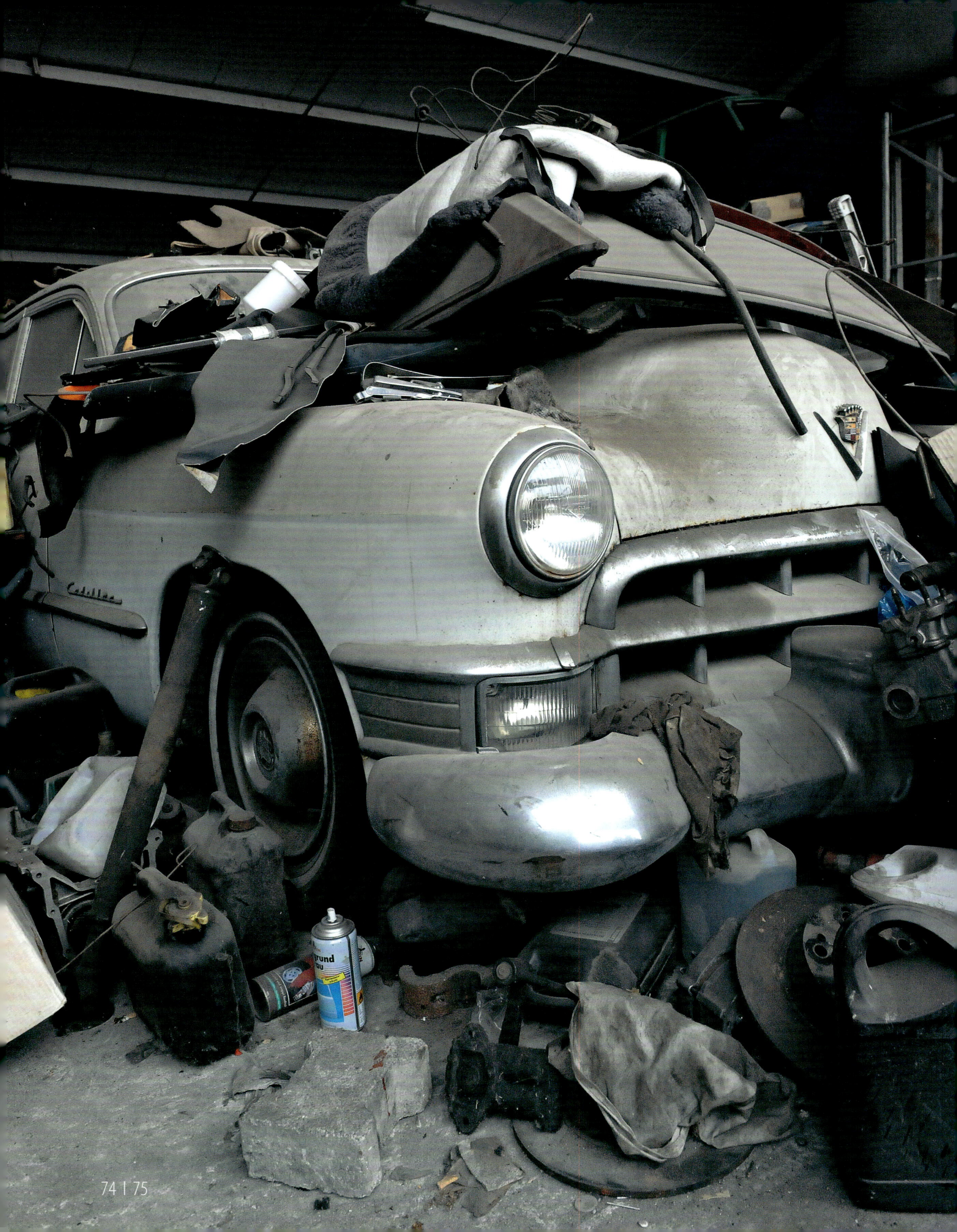
Cadillac

BALD WAREN DER ELTERLICHE HOF UND DIE GARAGEN MIT FAHRZEUGEN ÜBERFÜLLT, PARKEN IN NÄHE DES EIGENEN HAUSES WURDE FÜR DIE NACHBARN UNMÖGLICH, DENN KASPER JUNIOR HATTE JEDEN WINKEL ZUGESTELLT. JAGUAR, MINI, HEALEY, TRIUMPH, MG UND ALL DIE ANDEREN ENGLÄNDER MIT DEUTSCHEN, ENGLISCHEN ODER ÜBERHAUPT KEINEN KENNZEICHEN WAREN DORT EINDEUTIG IN DER ÜBERMACHT.

EIN LEBENSPUZZLE – ABER IN 3D – EINE ECHTE HERAUSFORDERUNG.

Als ich Werner Kasper nach unserem Fotoshooting
auf einer Oldtimer-Messe in Süddeutschland traf,
sagte er im Gespräch über verschiedene Autotypen
den ebenso legendären wie denkwürdigen Satz:
„So einen habe ich auch noch im Regal stehen."

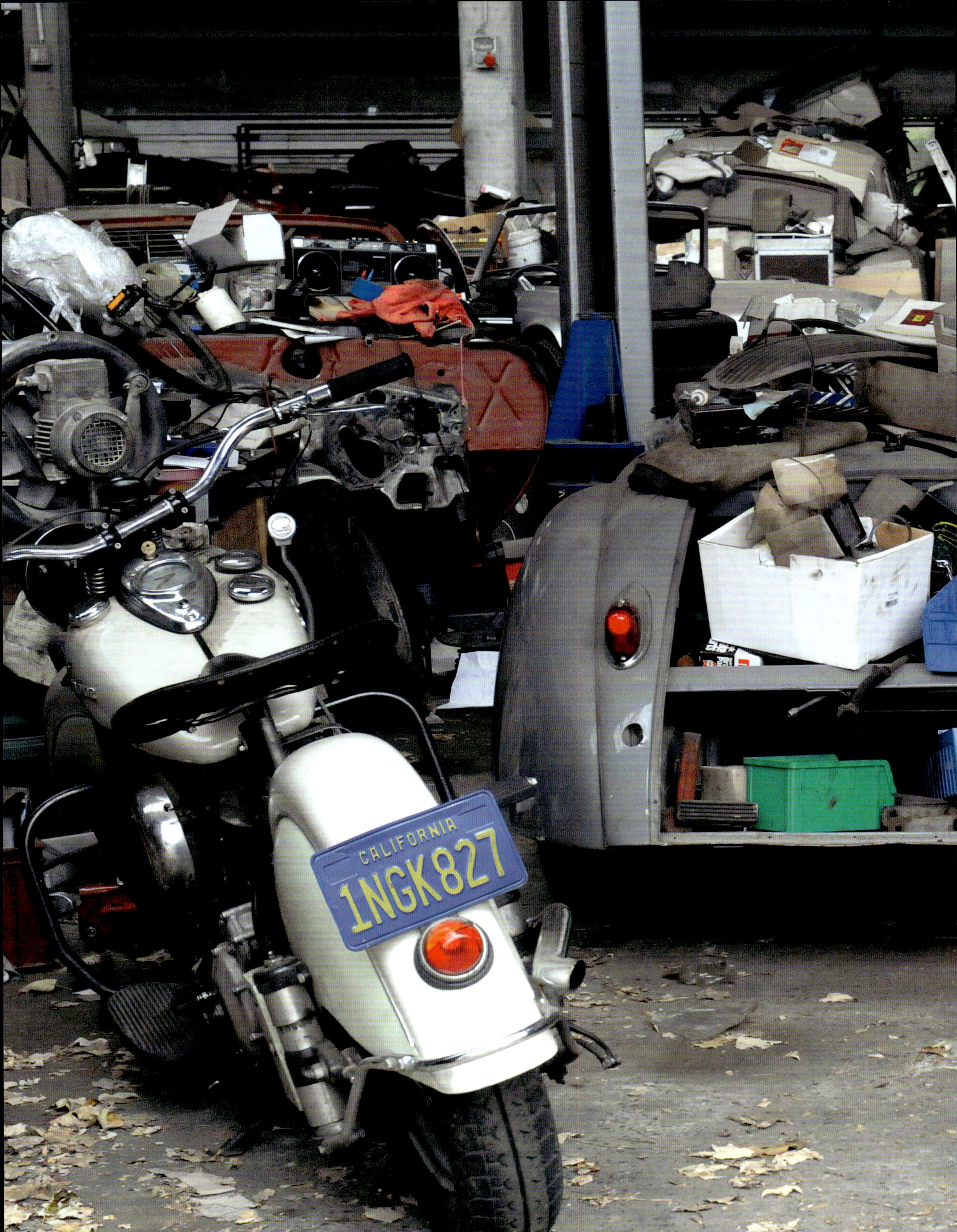
CALIFORNIA
1NGK827

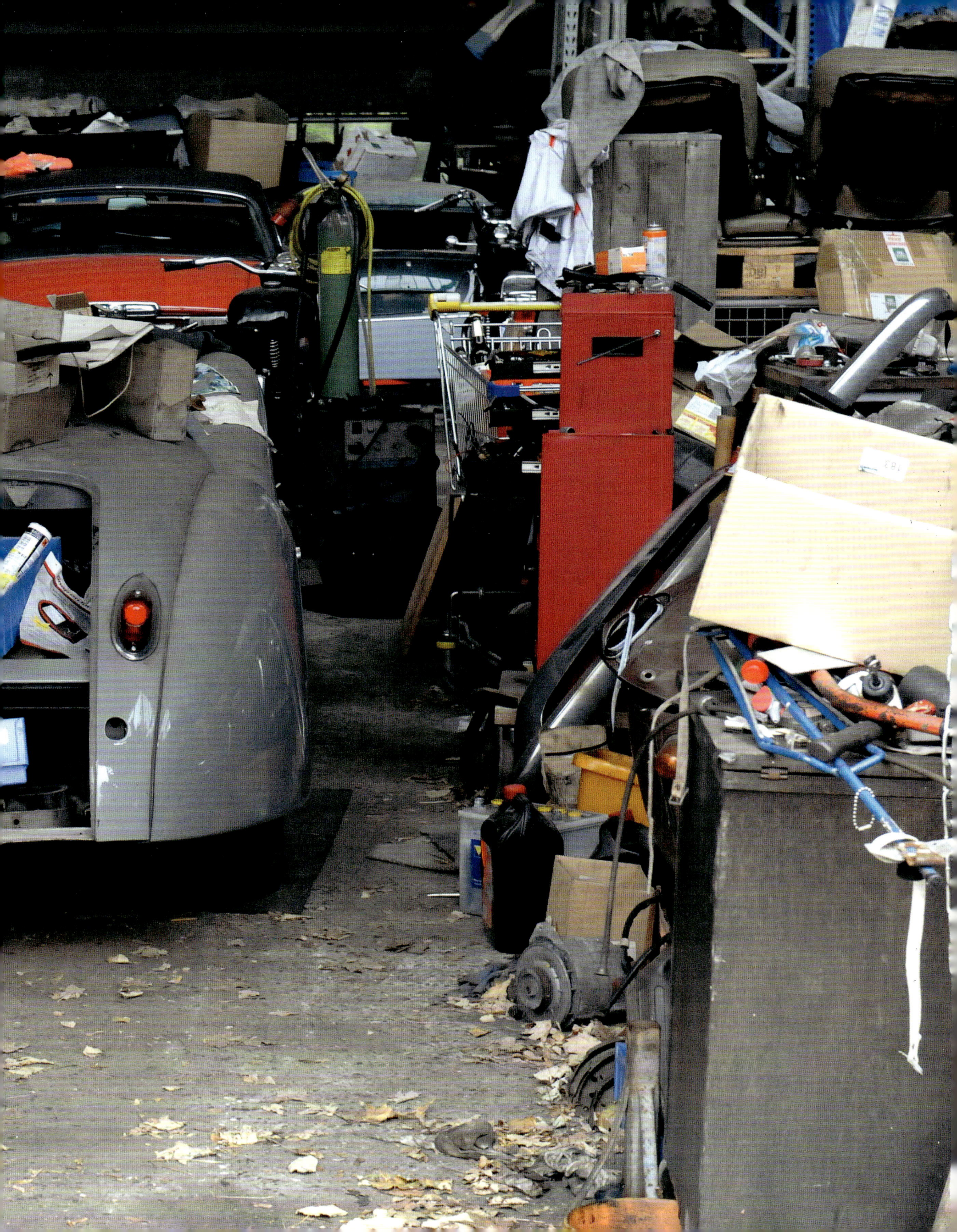

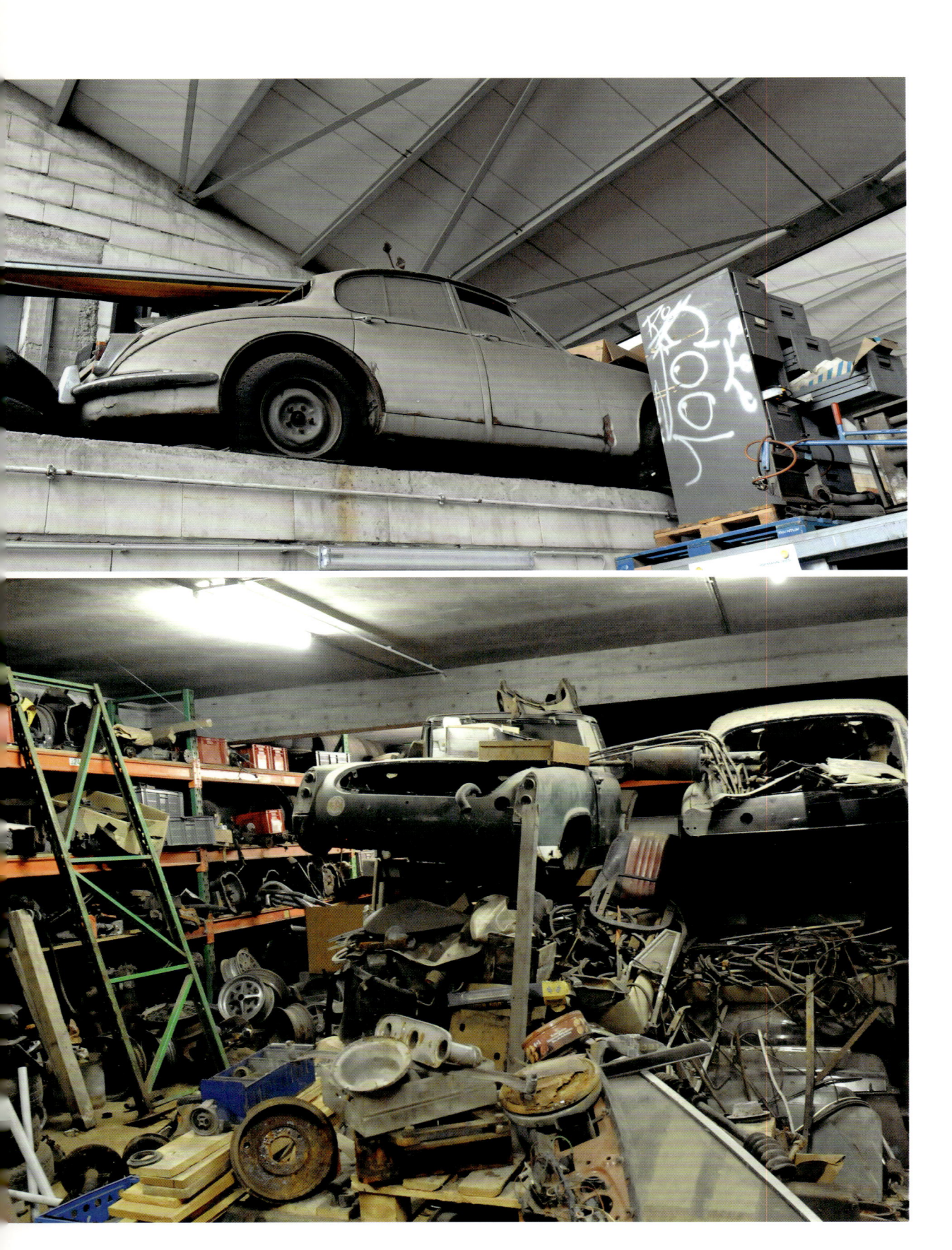

DIESER JAGUAR SONNT SICH SCHON IM ERSTEN OBERGESCHOSS, WÄHREND
DER MG SICH IM KELLER EIN KUSCHLIGES PLÄTZCHEN SUCHEN MUSSTE.

Hinsichtlich der Ersatzteile schien es jedoch erfolgversprechender, die Heimat der britischen Nobelkarossen zu bereisen. Und so verbrachte er nicht nur seine Urlaube auf der Insel, sondern unternahm alle zwei, drei Monate eine Englandfahrt, um nach und nach sämtliche Händleradressen zu recherchieren und abzuklappern. Unendlich viele Ersatzteile, gelegentlich auch ein komplettes Auto, wurden für wenig Geld erworben und gehortet, finanziert wurden die Reisen durch den Verkauf einiger Teile.

Bald waren der elterliche Hof und die Garagen mit Fahrzeugen überfüllt, Parken in Nähe des eigenen Hauses wurde für die Nachbarn unmöglich, denn Kasper junior hatte jeden Winkel zugestellt. Jaguar, Mini, Healey, Triumph, MG und all die anderen Engländer mit deutschen, englischen oder überhaupt keinen Kennzeichen waren dort eindeutig in der Übermacht. Ein Traum für den Liebhaber britischer Klassiker. Oftmals flanierten Oldtimer-Fans die Straße entlang, um die Schmuckstücke zu bewundern. Als dann aber auch Ordnungshüter immer wieder durch Kaspers Fuhrpark patrouillierten und blaue Zettel schrieben, gab es keine andere Wahl: Eine neue „Garage" musste her.

Ein altes Sägewerk diente als Zwischenstation. 20 Stellplätze und eine Hebebühne standen hier zur Verfügung. Das war Mitte der 80er Jahre, viele automobile Veteranen waren damals für deren Besitzer unwirtschaftlich geworden und Werner Kasper nahm sich ihrer nur allzu gerne an. Schnell wurde klar, dass seine stetig wachsende Fahrzeugflotte erneut würde umziehen müssen.

Eine ehemalige Bushalle, die zum Verkauf stand, konnte ausreichend Platz bieten. Zu erwerben war jedoch nur die Halle – nicht das Grundstück. Innerhalb von zehn Tagen musste diese abgebaut werden, ein geeigneter Standort für den Aufbau war vorerst nicht in Sicht. Es wurde fleißig organisiert, die Halle mit einem Gabelstapler und einigen Helfern demontiert und für eine geraume Zeit zwischengelagert. Als dann direkt neben dem Lagerplatz ein Grundstück zu haben war, griff Kasper zu und wenig später, Anfang der 90er Jahre, erfolgte der Wiederaufbau der Bushalle.

Die Arbeiten an deren Einrichtung und an den Dutzenden Fahrzeugen sind bis heute nicht abgeschlossen, der Weg ist offensichtlich Kaspers Ziel. Er empfindet diesen Zustand jedoch nicht als bedrückend, er beherrscht sein „Chaos" bestens, er weiß, was er hat und wo es ist. Und immer wieder entdeckt er auch ein Plätzchen, wo er arbeiten kann. Werkzeug für die Montage ist überall zu finden, meist liegen die richtigen Schlüssel sogar gleich neben dem unlängst ausgebauten Ersatzteil. Wenn jemand Hilfe anbietet, muss Kasper leider dankend ablehnen, denn danach würde er wohl nichts mehr finden, schließlich ist hier alles „unsichtbar strukturiert", wie er versichert. „Nur eines fehlt immer, und das sind kleine Bohrer." Darum, verrät mir Kasper, liegen diese schon seit Jahren „immer in der Schreibtisch-Schublade". So könnte auch ich sie vielleicht finden.

Auf die abschließende Frage, welcher denn sein Lieblingswagen sei, antwortet der Autoverrückte: „Der, wo gerade Sprit drin ist."

Werner Kasper

Der Bentley-Flüsterer

„Das Lenkrad ist rechts, die Autos stehen unten!"

Die „Abfahrt" zu der „tiefergelegten" Sammlung, die ich an einem sonnigen Tag im Süden Deutschlands besuchen darf, ist mit Worten nicht zu beschreiben. Bilder sagen in diesem Fall deutlich mehr.

„Zuerst war da die Kreidler Florett, mein erstes Fahrzeug, das ich später gegen eine BMW Isetta getauscht habe. Diese musste allerdings erst mal fahrbereit gemacht werden!", war die Antwort des heutigen Bentley-Sammlers auf meine Einstiegsfrage, wo die Wurzeln für seine Sammlung liegen. Bis ich diese Frage stellen konnte, vergingen allerdings knapp 15 Minuten. Denn unter der Erde, im unterkellerten Vorgarten einer Stadtvilla angekommen, musste ich mich zunächst hinsetzen, um ein Glas Wasser zu trinken und wieder Herr meiner Sinne zu werden. Obwohl ich ahnte, was mich hier erwarten würde, hat mich dieser langsame „Abgang" in diese ungewöhnliche, fast 400 Quadratmeter große unterirdische „Traumgarage" völlig umgehauen. Auf dem Weg nach unten gehe ich durch einen mit alten Steinen gepflasterten Vorraum, rechts und links schon die ersten Hinweise auf eine ganz besondere „Garage": eine alte Zapfsäule, ein tolles Bentley-„Blower"-Gemälde im Stil der alten englischen Holzmalereien und dann die wunderschöne Bentley-Leuchtreklame. Das Bentley-„B" mit den typischen Flügeln strahlt mich an und zeigt mir den Weg. Eine Holztreppe führt mich schließlich hinab und ich sehe schon, dass heute alles anders wird.

Sichtbeton, Stirnholzboden, Kunst, Designmöbel und diese beeindruckende Sammlung von Fahrzeugen! Nach dem besagten Glas Wasser und einem stärkenden Espresso komme ich wieder in Fahrt und lausche gespannt den Erzählungen des Sammlers. „Der BMW Isetta folgten ein VW Cabrio, ein Porsche Targa, dann ein Mercedes 280 und unzählige weitere, bis der erste Bentley gekauft wurde." Allerdings war dieser Mark VI zerlegt, was der heutige Bentley-Spezialist damals unterschätzt hatte. So stellte sich das Zusammensetzen und Restaurieren als ziemlich schwierig heraus. Auf Englandreisen wurden immer wieder Teile für das Projekt gesucht und auch gefunden. Auf einer dieser Touren entdeckte er per Zufall einen weiteren Bentley, komplett und fahrbereit. Dieser wurde spontan gekauft und 30 Jahre später ist er immer noch im Besitz des Oldtimer-Liebhabers. Der T1 von 1968 wurde viele Jahre im Alltag eingesetzt und hat seinen Besitzer nie im Stich gelassen. Später wurde er jedoch durch einen moderneren Wagen ersetzt, den Bentley Turbo R von 1990, der bis heute 200.000 Meilen bewegt wurde. Die zwei parken nun unter der Erde, Seite an Seite, und werden regelmäßig gefahren, ebenso wie die anderen ungewöhnlichen Fahrzeuge, die in den folgenden Jahren bei verschiedensten Gelegenheiten den Weg des Sammlers kreuzten und hier nun ordentlich aufgereiht stehen. Allerdings fehlt sein allererster Bentley, der Mark VI. Obwohl er ihn jahrelang restauriert und mit verschiedenen Grautönen, die er so liebt, ausgestattet hatte,

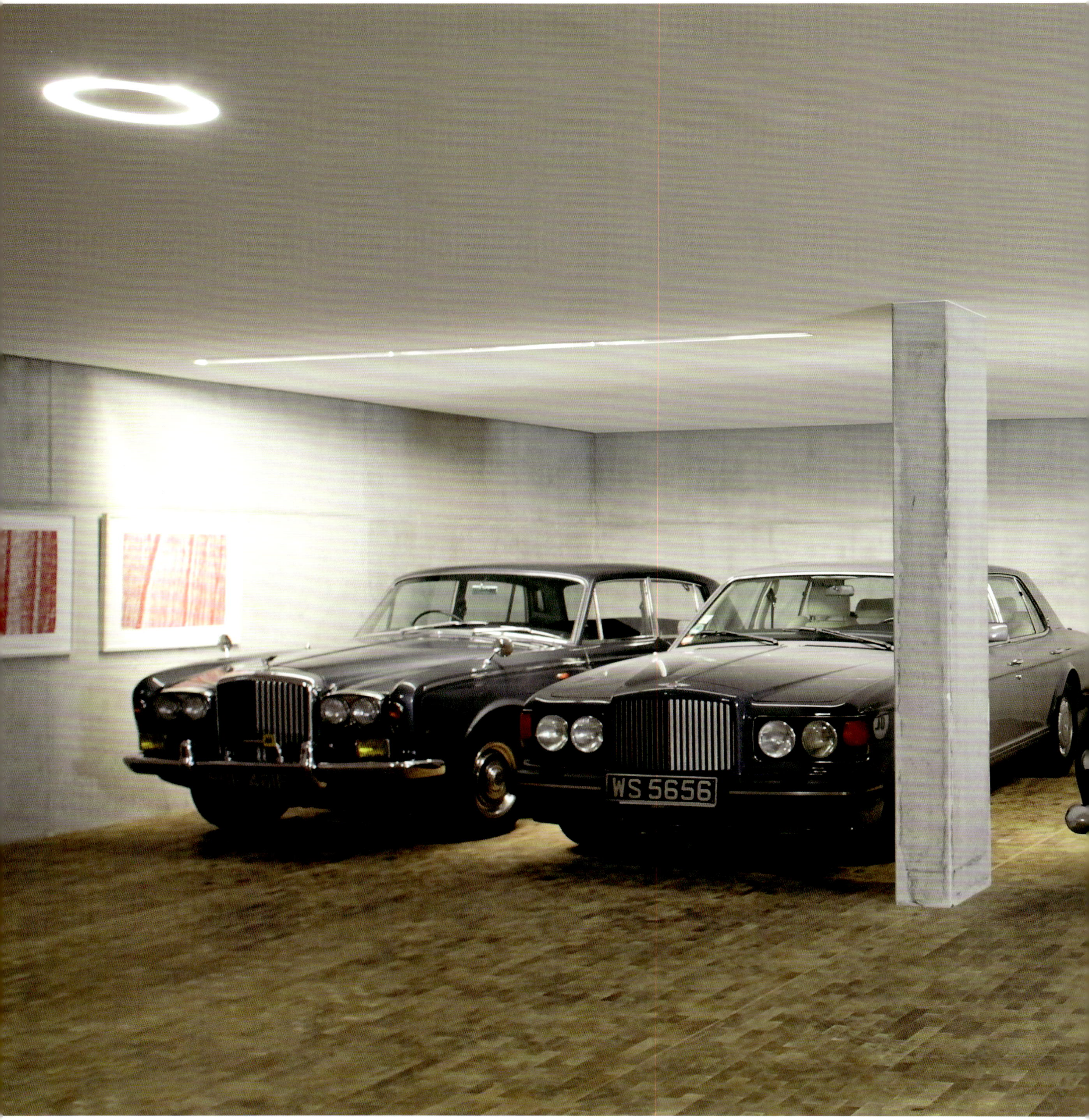
WS 5656

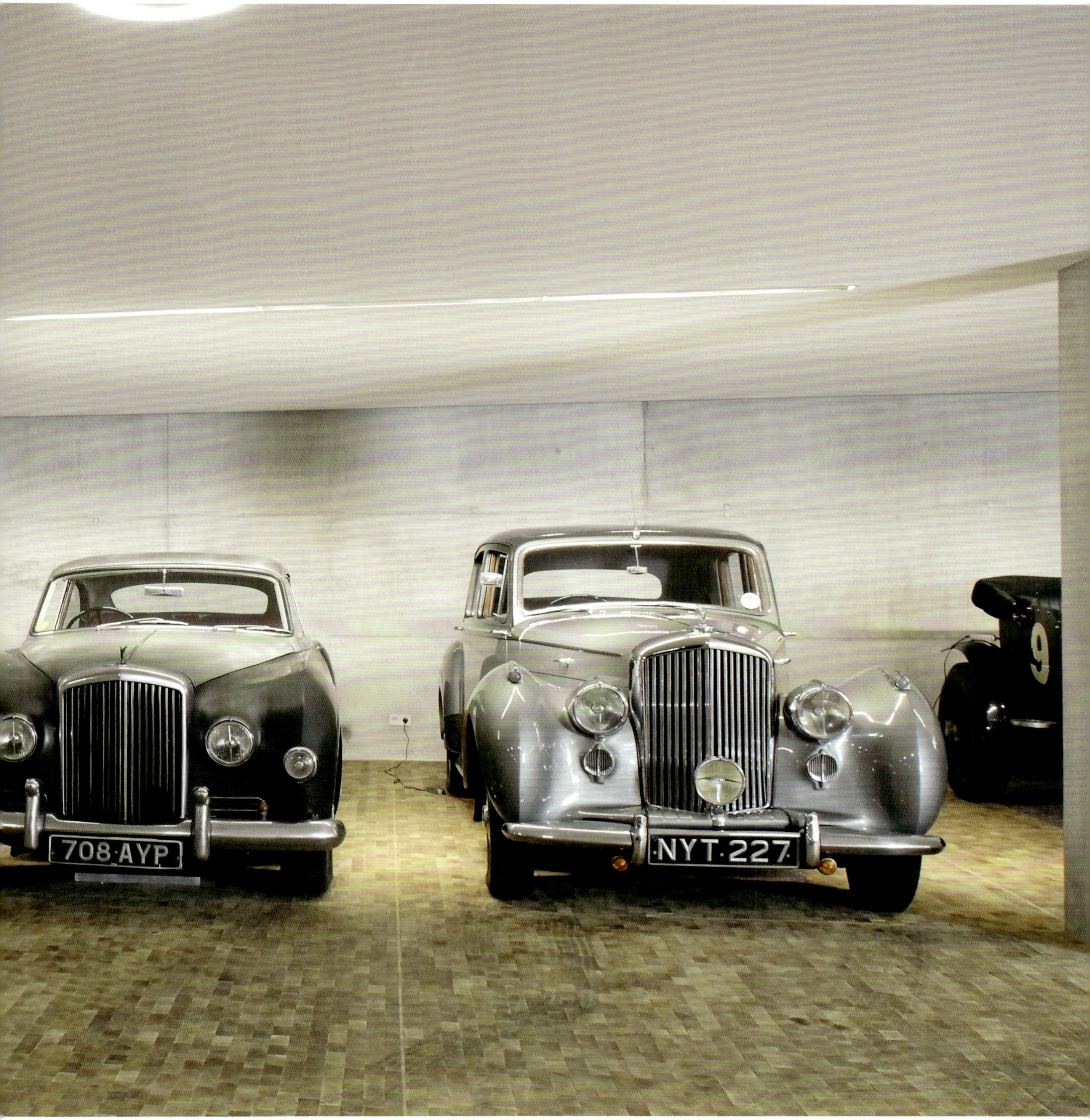
708·AYP
·NYT·227·

ICH HABE ES GESEHEN. ZUM PARADIES GEHT ES NICHT IN DEN HIMMEL,
SONDERN UNTER DIE ERDE ...

verkaufte er ihn irgendwann, was der Bentley-Fan bis heute bereut. Alle anderen Autos stehen mit dem Heck vor ihrer eigenen Steckdose, die jeweils hinter dem Fahrzeug in die Stahlbetonwand eingebaut und mit einem Batterieladegerät verbunden ist. Hier wurde alles im Detail durchdacht und vor allem hat alles Methode. Die Automobile sind allzeit bereit, immer wieder durch die ungewöhnliche Auffahrt „das Licht der Erde zu erblicken" und den Eigentümer und alle anderen zu erfreuen.

Stephan Balkenhol, aktuell wohl einer der bekanntesten zeitgenössischen deutschen Bildhauer, hat eine Skulptur geschaffen, die einen Menschen zeigt, der sein Auto streichelt. Dieses Kunstwerk wacht nun über diese beeindruckende Sammlung und strahlt dabei eine wunderbare Wärme und Ruhe aus. Einige Bentleys wurden in einer Reihe aufgestellt und ich bewundere ein mächtiges Bentley-Coupé, den Continental von 1956, der stolz die Spuren der Zeit trägt und 1999 in einer Hinterhof-Werkstatt entdeckt wurde. Der damals völlig herunter-

... und so kommt man unten an.

„Das Bentley ‚B' mit dem typischen Flügeln strahlt mich an und zeigt mir den Weg. Die Holztreppe führt mich schließlich hinab und ich sehe schon, dass heute alles anders wird."

gekommene und nur 640-mal gebaute Continental ist heute wieder im Einsatz – allerdings ohne dass Lack und Chrom aufgearbeitet wurden. „Ich wollte dem Auto seine Identität lassen, auch wenn es nicht der Norm entspricht", sagt der Sammler aus Süddeutschland. Das imposante Fahrzeug polarisiert jedoch die Bentley-Szene, denn einige würden den Wagen lieber restauriert sehen. Für mich hat das Coupé noch immer eine immense Strahlkraft, ebenso wie sein Besitzer, der genauso alt ist wie sein Continental.

Es folgen weitere Bentleys aus den verschiedensten Epochen. Ein R-Typ von 1952, ein „Blower"-Replikat von 1935 mit einem 4,5-Liter-Motor, ein Tourer 3 Liter von 1923 sowie ein Continental T, der „letzte vor der VW-Zeit gebaute echte Bentley" aus dem Jahre 2001. Der alte „Landy" nebenan, ein Land Rover 80, Series 1, von 1952, weckt in mir Erinnerungen an die alten „Daktari"-Filme, die ich in den 70er Jahren nie verpasst habe. Die Zahl „80" in der Typenbezeichnung, lerne ich, steht für eine Karosserie-Länge von 80 inch. Natürlich allesamt rechtsgesteuert, denn „englische Fahrzeuge haben nun mal das Lenkrad rechts", erklärt mir mein Gastgeber, der auch im Alltag einen modernen Range Rover fährt, selbstverständlich ebenfalls rechtsgesteuert.

Inmitten der Engländer findet sich auch ein Ford T-Modell von 1919. Das Modell „Centerdoor", mit zwei Türen beidseitig in der Mitte der Fahrerkabine, ist äußerst selten und um dieses Fahrzeug souverän beherrschen zu können, musste der Sammler einen Fahrkurs in England absolvieren. Zwei Brüder, die ihre ungewöhnliche Ford-Sammlung dort mitten auf dem Land verwalten und durch Reparaturen, Restaurationen, Mechanikerkurse und eben diese speziellen Fahrkurse finanzieren, waren seine Lehrmeister. Gleich neben dem „Centerdoor" steht ein Citroën 2CV, die „Ur-Ente" aus dem Jahre 1952. Diese entdeckte der detailverliebte Sammler in einem etwas mitgenommenen Zustand. Er brachte sie lediglich technisch auf Vordermann, konservierte dagegen diese unwiederbringliche Original-Substanz, die von vielen als „schäbig" angesehen wird. Ich persönlich finde das einmalig und bewundere die „Ente" wie ein Kunstwerk, eine Skulptur, die vor mir steht. Dieser 2CV beeindruckt mich ebenso wie die vielen Kunstobjekte und Arrangements, die diese minimalistische „Traumgarage" zieren.

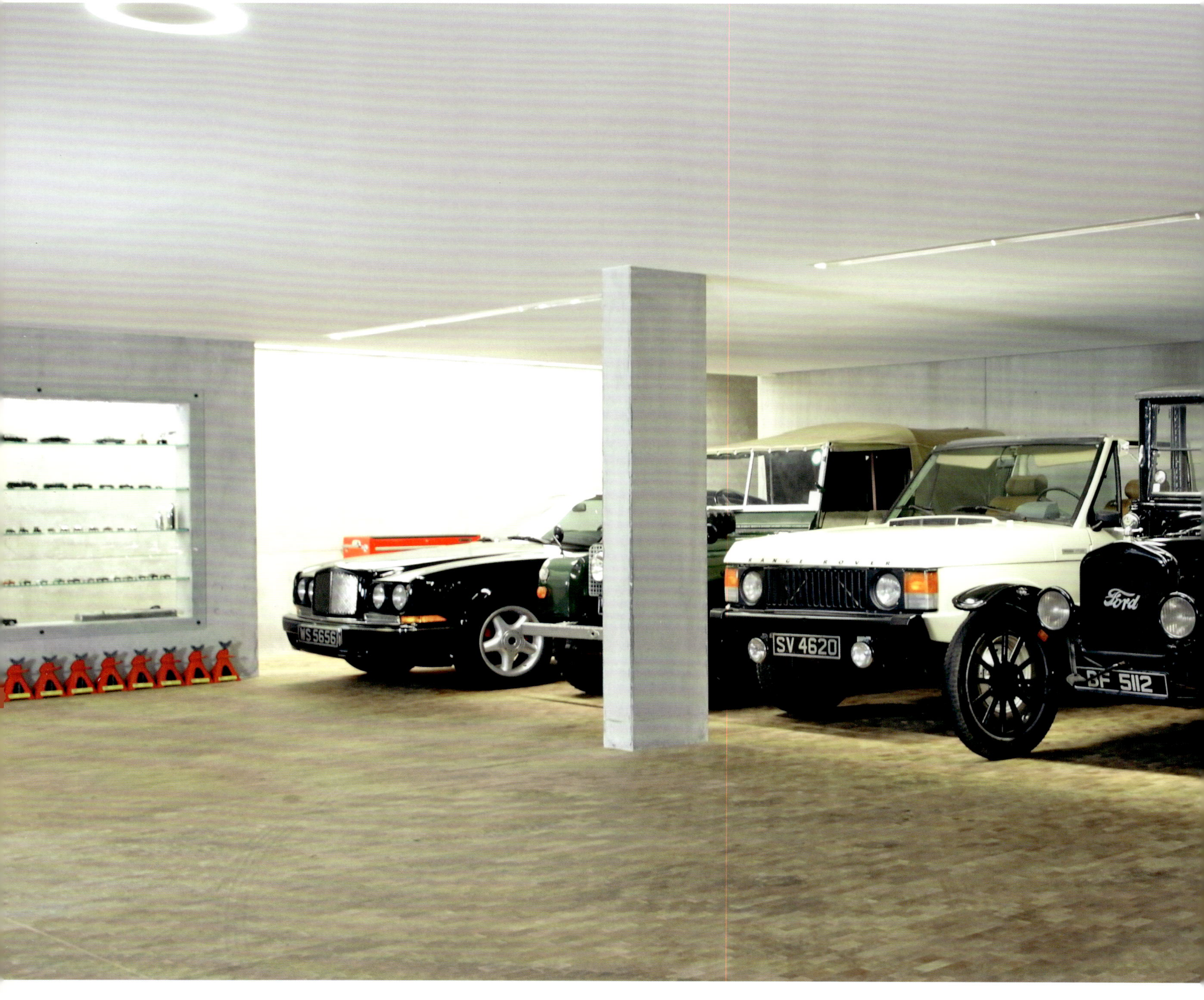
SV 4620
Ford

WER DAS TAGESLICHT SEHEN MÖCHTE, MUSS AUFZUG FAHREN.

Die Reduktion auf das Wesentliche, der feuerrote Küchen-, Werkzeug- und Büroschrank, die riesige knallgelbe und vor allem freie Arbeitsplatte, die in Beton gemeißelte und wie schwebend wirkende Vitrine, die nackten Wände, einfach die gesamte Stimmung inspirieren mich sehr. „Vielleicht sollte ich bei Gelegenheit meinen Schreibtisch und meine Werkstatt aufräumen", denke ich mir, „oder zukünftig ein Emaille-Schild weniger an die Wand nageln? Vielleicht ist weniger wirklich mehr?" Hier ist für Gedanken deutlich mehr Raum. Mein Gastgeber verbringt sehr viel Zeit in diesen Räumen, denn „schon immer habe

DER BENTLEY-FLÜSTERER

NACH DEM BESAGTEN „GLAS WASSER" UND EINEM KREISLAUFSTABILISIERENDEN ESPRESSO
KOMME ICH LANGSAM ZU MIR UND ENTDECKE VIELE WUNDERBARE DETAILS.

ich in meinen Garagen gelebt und gearbeitet", wie er sagt. Das Hobby war und ist für den bärtigen Sammler stets ein Ausgleich zu seinem Schreibtisch-Job.

Sehr ruhig und gelassen, immer ein kleines Schmunzeln im Gesicht, erzählt der Autonarr, dass er schon viele „Traumgaragen" besessen hat: „Einmal hatte ich eine Garage in einem Hinterhof, einmal in einer Fabrikhalle, später unter einem Büro mit Glasboden, damit man die Autos immer sehen konnte." Er liebt und braucht Veränderungen. Überall habe er es sich „schön gemacht", aber immer wieder „mal anders" und „diese Garage wird nicht meine letzte sein", sagt er mit einem Leuchten in den Augen. Für mich ist schon heute klar: Ich käme sehr gerne wieder auf einen Besuch in der nächsten „Traumgarage" vorbei.

Der Bentley-Flüsterer

Die Sammler-Familie

„Es wird nicht gestapelt, sondern geschichtet!"

Die nächste Exkursion ins Land der Oldtimer führt mich zu einer schönen alten Fabrik in Hessen. Emaille-Schilder an den Wänden, ein Bachlauf und der angrenzende Märchenwald weisen den Weg zu dieser „Traumgarage". Eigentlich müsste ich hier von „Traumgaragen" sprechen, denn die Sammlung erstreckt sich über mehrere Hallen.

Die Räume sind teils hell beleuchtet, damit sorgfältig gearbeitet werden kann, teils liegen sie im Dämmerlicht und man erkennt anhand der Silhouetten die faszinierenden Schmuckstücke der vergangenen Zeit. In einer der „Garagen" hängt ein Schild „Zum Kino" mitten im Raum und ich entdecke einen riesigen historischen Kino-Filmprojektor. Ab und zu finden hier für kleine ausgewählte Gruppen Vorführungen statt. Dann werden alte Filme mit Autos und Autorennen gezeigt. Zwischen den Fahrzeugen stehen wertvolle vollautomatische Klaviere, unzählige weitere technische Geräte und Accessoires rund um das Automobil. Passionierte Sammler und Liebhaber der „guten alten Zeit" bräuchten Tage, um alles zu bestaunen. „Es tut mir leid, es müsste mal wieder aufgeräumt werden", kommentiert der Hausherr die malerische Überfülle an Objekten, die oftmals Wege versperren und mich nur erahnen lassen, was da noch schlummert.

Schon seit den 50er Jahren sammelte der Senior des Hauses „Schnauferl" – wie die Oldtimer in der Familie genannt werden.

Die zwei Söhne sind in der Werkstatt und auf Veteranen-Veranstaltungen groß geworden und so war nichts anderes zu erwarten, als dass sie eines Tages ein „Schnauferl" aus der Garage schieben und fahrbereit machen würden. Schon mit 18 Jahren kutschierten sie mit Wagen aus den „Goldenen Zwanzigern" des vergangenen Jahrhunderts durch den Taunus, sehr zur Verwunderung der Gleichaltrigen.

Viele Fahrzeuge wurden vom Vater auf Schrottplätzen und Verkaufsplätzen erworben, der Opel-Steyr 1,2 Liter von 1932 ist eines der Highlights der Sammlung: Die Firma Opel war damals in finanziellen Schwierigkeiten und „bezahlte" die von den österreichischen Steyr-Werken gelieferten Kugellager mit Autobausätzen aus Rüsselsheim. Die Firma Steyr baute 494 Stück dieses Typs zusammen und machte sie zu Geld … so entstand auch dieses mittlerweile äußerst seltene Opel-Steyr-Fahrzeug, das die Familie vor langer Zeit erstehen konnte und bis heute seinen Originallack mit Stolz und Würde trägt und charmant sein Alter zeigt.

Den Protos Typ 208 von 1930 – ein Gigant von einem Automobil mit roten Kotflügeln und riesigen Scheinwerfern – hat der Senior schon in den 50er Jahren vor der Verschrottung gerettet. Er war mit brauner Farbe gestrichen und schien für viele nicht erhaltenswert. Doch hier fand er ein neues Zuhause, wurde neu lackiert und in der Halle eingeparkt. Über 50 Jahre später ist er noch immer in der Hand der Familie und

Meisenstraße
Taunusstraße
Altkönigstraße
Oberurseler Straße
Schulstraße
Portstraße
Beethovenstraße
Herzbergstraße
Freiligrathstraße
Wiesbaden
Königstein
Feldberg
Schmitten
455
Friedberg
Weilburg
Einordnen
Oberursel/Taunus
Landkreis Obertaunus
Mit Parkscheibe
Parken bis zu
Sackgasse
Parkplatz
1,5t

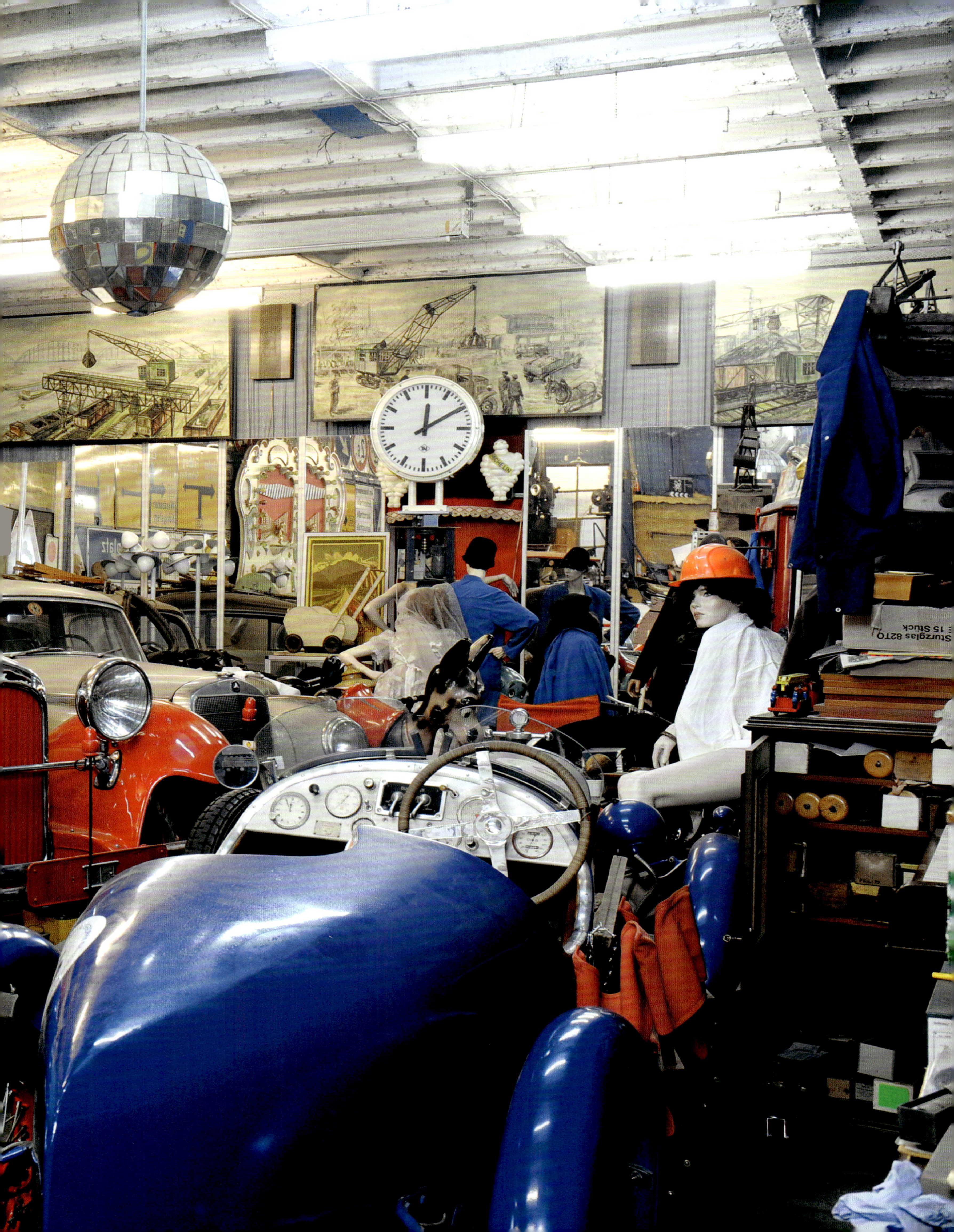

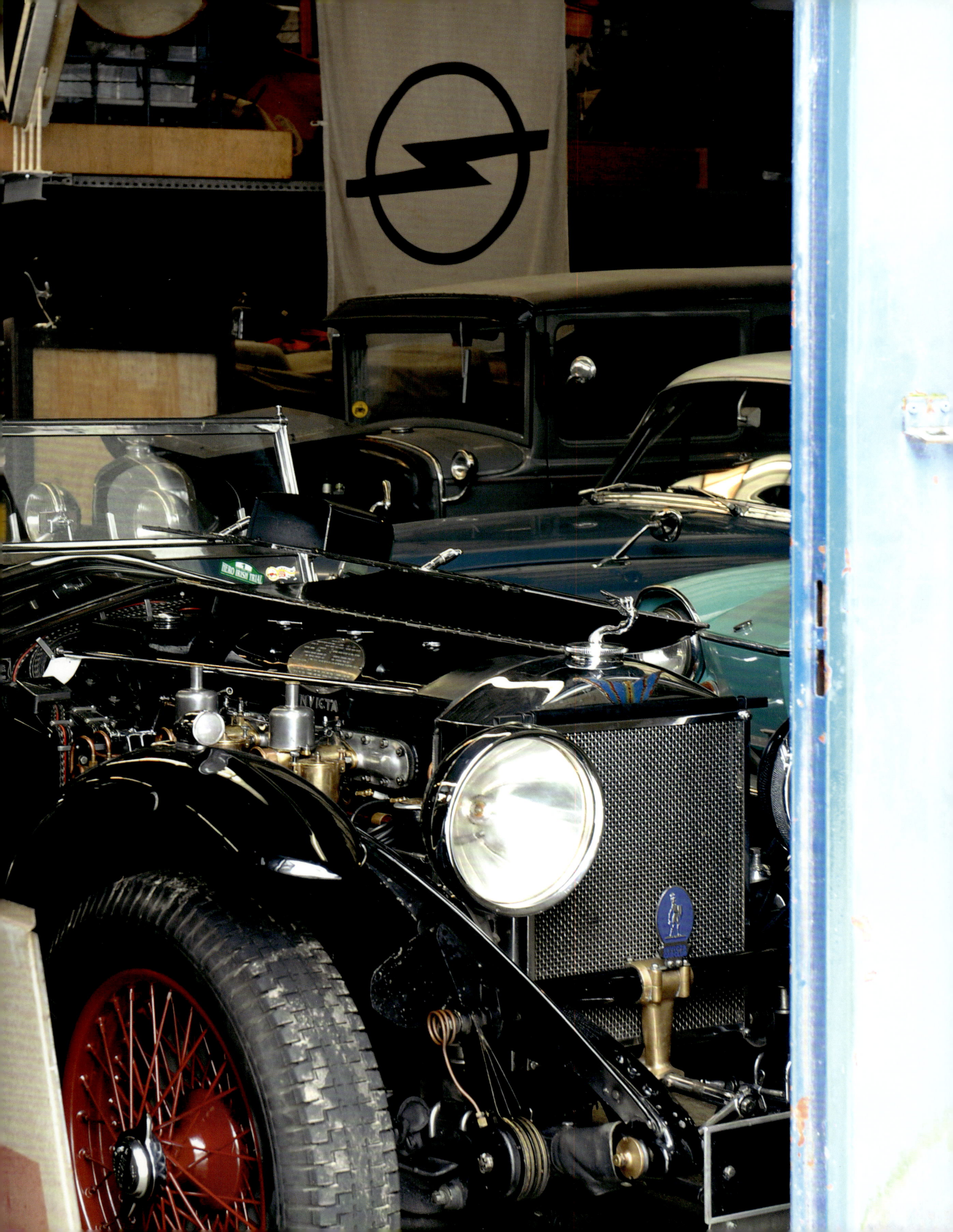
HERO IRISH TRIAL

DIE SAMMLER-FAMILIE

steht wie eh und je an seinem angestammten Platz. Die Chancen stehen gut, dass er weitere 50 Jahre dort stehen wird, denn auch die Kinder der Brüder hat die „Schnauferl"-Leidenschaft bereits erfasst. Obwohl Sportfahrzeuge wie zum Beispiel ein Amilcar CGS, ein Rennwagen von 1925, oder auch Luxuswagen wie der Mercedes 300 „Adenauer" zur Verfügung stehen, besteigen die Kinder am liebsten eines der „Messingautos", die bis

etwa 1910 gebaut wurden, und tuckern damit vergnügt über Land, um bei gemächlichem Tempo intensiv die Natur zu erleben.

Der blaue Chrysler CM6 aus den 30er Jahren, eine wunderschöne und liebevoll restaurierte Limousine, wird auch im Winter als Rallye- und Alltagsfahrzeug benutzt. Kaum einer würde ein solches Schmuckstück in dieser Jahreszeit bewegen, doch die autoverrückte Familie zeigt bei aller Leidenschaft in dieser Hinsicht eine überaus „gesunde",

Der Schriftzug „Zum Kino" hat in einer der Hallen nicht nur eine warme, trockene Heimat gefunden, er hat auch seine alte Funktion. Er weist den Gästen des Sammlers den Weg, wenn mal wieder die alten Projektoren angeschmissen werden und man sich gemeinsam den einen oder anderen alten Autofilm in der unbeschreiblichen Kulisse dieser Sammlung ansieht.

pragmatische Einstellung: „Salz und Schmutz sind doch abwaschbar!", bemerkt einer der Brüder – letzten Endes handelt es sich eben doch „nur" um ein Auto, einen Gebrauchsgegenstand.

Mehrere Hallen sind jeweils dem besonderen Sammelgebiet der einzelnen Familienmitglieder gewidmet. In der einen finden sich neben Oldtimer-Autos auch Fahrräder, Zapfsäulen, Blechdosen und vieles mehr, während in der anderen eine unglaubliche feuerwehrtechnische Sammlung zu bewundern ist. Beim Prunkstück der Feuerwehr-Kollektion, einem Daimler-Benz-Tanklöschfahrzeug L3250 von 1949, sollten zunächst „nur" die Kotflügel abgeschraubt und repariert werden – nach drei Jahren und

DIE SAMMLER-FAMILIE

104 | 105

DIE SAMMLER-FAMILIE

Der Chrysler CM6 wird auch im Winter als Rallye- und Alltagsfahrzeug benutzt, denn „Salz und Schmutz sind doch abwaschbar", sagt die Sammler-Familie.

ungezählten Arbeitsstunden war die Totalrestauration abgeschlossen. Um den Fahrspaß genießen zu können, sind allerdings mehrere Stunden Rangieren erforderlich, damit der rote Riese aus der Halle bewegt werden kann.

Drei Generationen der Sammler-Familie wohnen auf dem historischen Anwesen. Wie der Vater haben auch die Söhne ihre individuelle Oldtimer-Leidenschaft in der einen oder anderen Weise zum Beruf gemacht, sind dabei aber durch und durch Sammler geblieben: „Hier wird nicht gestapelt, sondern geschichtet", lautet ihr gemeinsames Motto. Und sie verbindet die Liebe zum Detail, eine hohe technische Versiertheit und ein unerschöpfliches

Die historische Schneeraupe der Wetterstation Feldberg und der seltene Opel-Steyr von 1932 mit dem kombinierten Firmenlogo.

werkstatt
30
Firestone
ALTE LEIPZIGER
Firestone
Eifel-Klassik
2
GÜNTHER-T
SHELL SUPER
MOTOR OIL
Super
BECKERBILLETT

automobiles Know-how – Eigenschaften, die nicht nur in diesen einzigartigen Räumen zum Ausdruck kommen, sondern sicherlich über die Generationen weitervererbt werden.

Das Motiv hinter dem Sammeltrieb ist denn auch nicht, eine Wertanlage zu schaffen oder Gewinn zu erzielen. „Das machen die Banker", bemerken die Brüder lächelnd. Vielmehr gehe es darum, einzigartige Kulturgüter zu erhalten – viele Dinge seien einfach zu schade zum Wegwerfen. Mein Eindruck ist: In dieser „Traumgarage" wurde noch nie etwas verkauft, geschweige denn weggeworfen, eine Vermutung, die Freunde und Bekannte der Familie bestätigen. Hier hat alles unverrückbar seinen Platz eingenommen, haben die „Schnauferl" und andere Sammlerstücke eine echte Heimat gefunden.

Auf die Frage nach dem Lieblingswagen antwortet der ältere Bruder folgerichtig: „Wir möchten keinen hergeben." Und das scheint mir eine sehr ehrliche Antwort zu sein.

Die Sammler-Familie

Klaus Flettner

„Mein Tretauto namens Porsche!"

Bereits mit sechs Jahren nannte er sein rotes Tretauto selbstbewusst „Porsche" und versicherte allen glaubhaft, irgendwann einmal einen solchen zu besitzen und mit ihm Rennen zu fahren. Inzwischen blickt der heute 49-jährige Klaus Flettner auf eine beeindruckende Rennfahrerkarriere zurück, in der er unter anderem mit verschiedenen Porsches beachtliche Erfolge gefeiert hat.

Auf dem Weg dorthin wurden ordentlich „Autos und Mopeds verschlissen", erinnert er sich. Nach der Hercules MK2 kam der erste Wagen, ein Opel Ascona A mit einem 1,6-Liter-Motor und schwarzem Vinyldach. Diese Beziehung endete leider viel zu früh mit einem Totalschaden. Als junger Mann hat er selbst an seinen Fahrzeugen geschraubt, am meisten Spaß machte ihm aber das „Tunen". Sein technisches Verständnis hat er sich in diesen Jahren angeeignet. „Leider bleibt heute zu wenig Zeit zum Schrauben", bedauert der viel beschäftigte Unternehmer. Es folgten ein Kadett C und weitere 70er-Jahre-Klassiker, die dann aber schon Anfang der 80er Jahre dem ersten Oldtimer weichen mussten, „einem schwarzen Mercedes 190 SL im Zustand 2", wie er stolz erzählt.

Mit 21 Jahren hatte Klaus Flettner einen schweren Motorradunfall, der ihn „zwei Jahre außer Gefecht" setzte. Danach konzentrierte er sich auf seinen Beruf und „aufs Autofahren – auf vier Rädern steht man einfach besser!", berichtet er. Seine berufliche Karriere begann er in einer Unternehmensberatung, wechselte später zu einem internationalen IT-Unternehmen und machte sich 1989 schließlich mit einer Kommunikationsagentur selbstständig. Als Agenturchef war er häufig und weltweit auf Geschäftsreisen und hat dabei nie den Blick für den Oldtimer-Markt verloren und die Preisentwicklung stets mit Interesse verfolgt. 1986 hatte er seinen ersten Alltags-Porsche erstanden, „einen 911er, blaumetallic mit schwarzem Leder", schwärmt Flettner noch heute und bekommt dabei glänzende Augen. Als die horrenden Preise für automobile Veteranen Ende der 80er Jahre endlich fielen, kaufte er weitere Fahrzeuge, die ihm schon immer gefallen hatten und die er im Rennsport fahren wollte. Der erste Wagen war dann auch gleich ein „Kracher" – aber nicht etwa ein Porsche, nein, ein „Roter" musste es sein: ein Ferrari 250 GT „Drogo", Baujahr 1961, mit 12 Zylindern und 270 PS. Das Modell mit der Fahrgestellnummer 2493 war eines von nur zwei Fahrzeugen dieses Typs, die von der Firma des Rennfahrers Piero Drogo, „Carrozzeria Sports Cars", mit einer Spezialkarosserie ausgestattet worden waren. Mit dem roten Renner, den er bis 2008 besaß, sammelte Flettner seine ersten Rennerfahrungen. Er nahm fortan an den Entwicklungen der Oldtimer-Szene in den 90er Jahren regen Anteil und wurde mit dem später erworbenen Porsche 908/3 von 1970, mit dem Vic Elford unter der Startnummer 20 bei der Targa Florio, dem berühmten Langstrecken-Rennen in Sizilien, antrat, und dem Porsche 910/6 von 1967, dem 6-Zylinder mit der Startnummer 8, mit dem

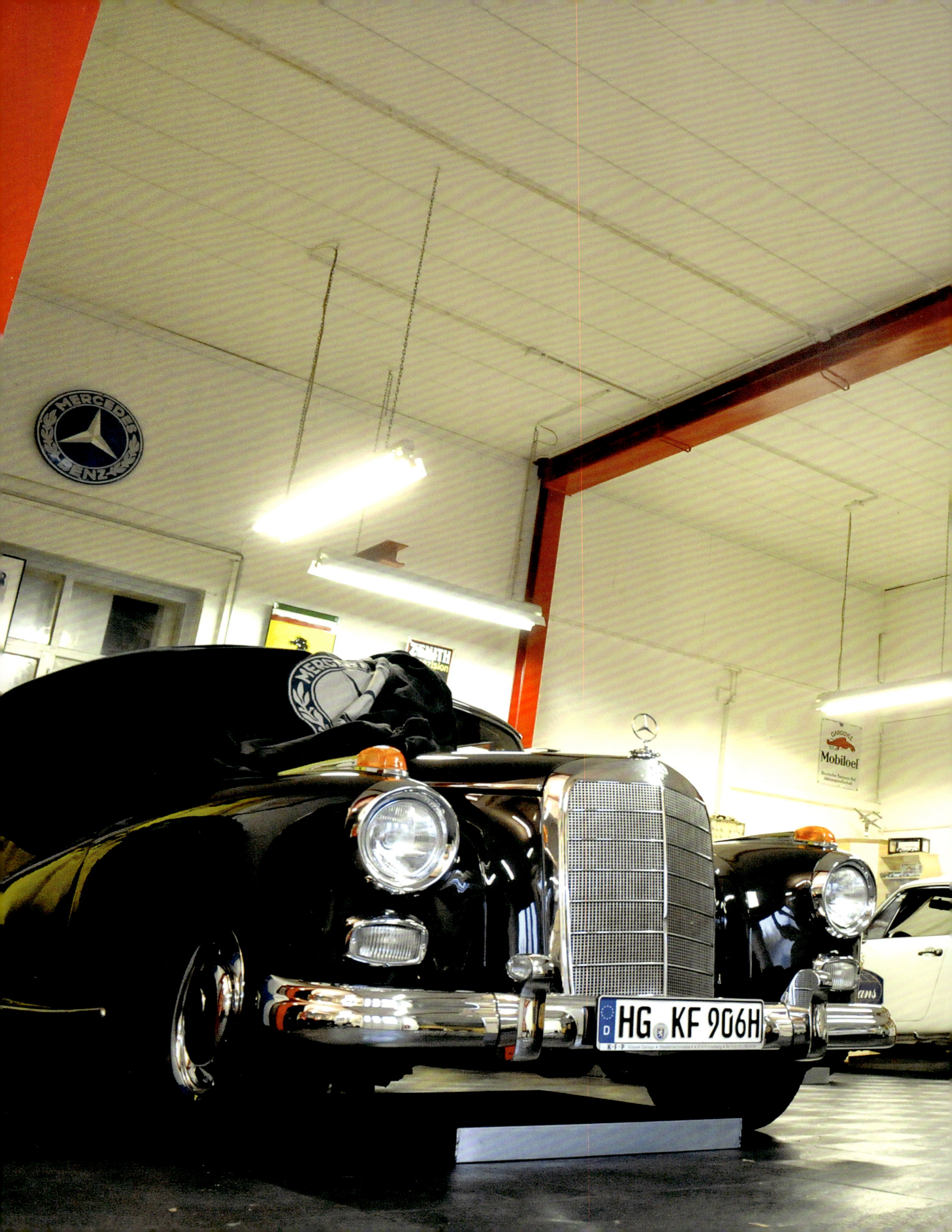
MERCEDES BENZ
ZENITH
Mobiloel
HG KF 906H

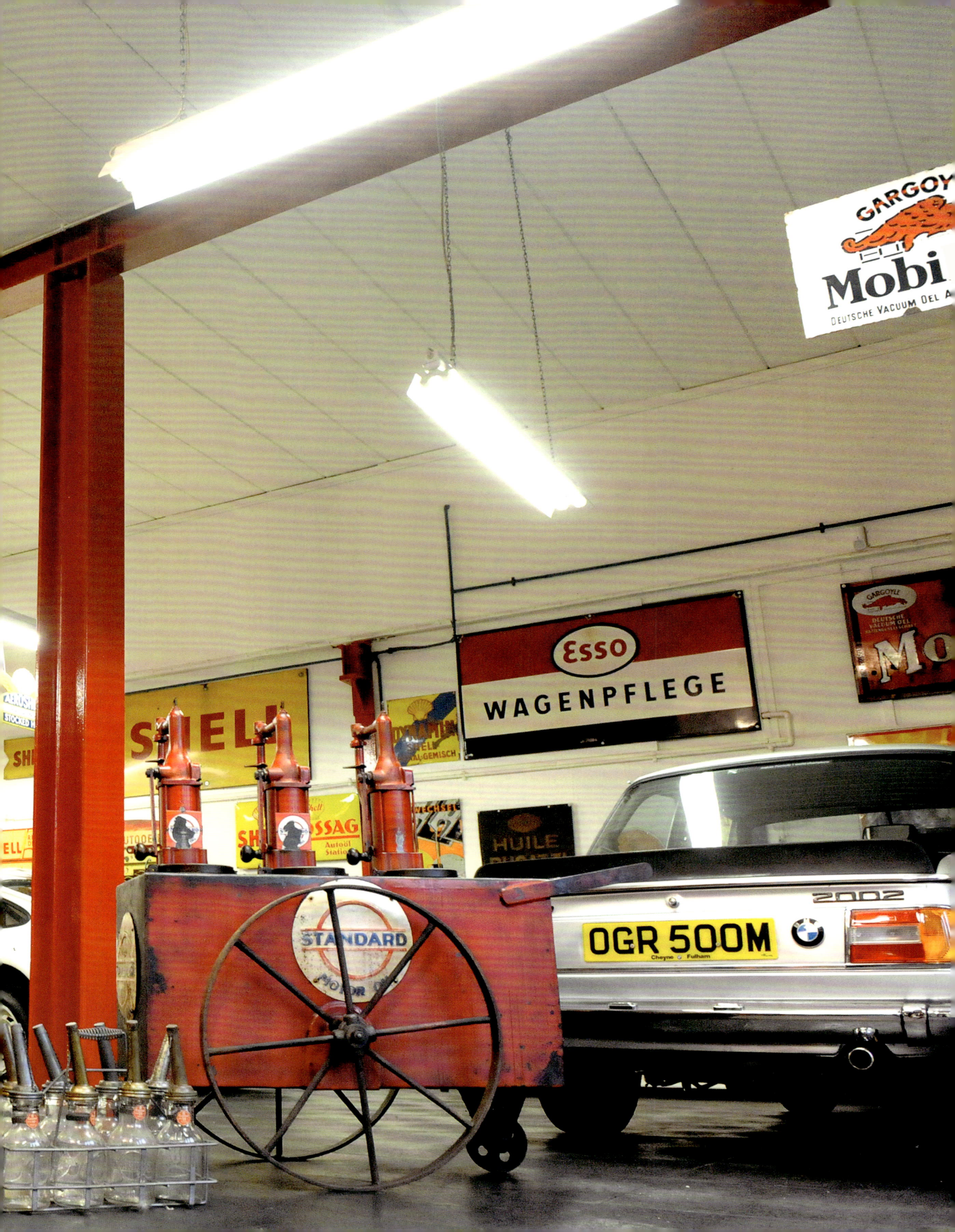
Mobi
Esso
WAGENPFLEGE
STANDARD
OGR 500M
2002
HUILE

Siffert/Herrmann die 1.000 km auf dem Nürburgring fuhren, sogar mehrfach Klassensieger bei historischen Rennen.

Inzwischen umfasst die Sammlung des Porsche-Fans etwa zwölf Fahrzeuge aus den 30er bis 60er Jahren, wobei die einzelnen Modelle wechseln können. „Der eine oder andere muss mal gehen, um Platz für einen neuen Wagen zu schaffen", erklärt er die Fluktuation in seinem Fuhrpark. Dabei bedauert Klaus Flettner den gelegentlichen Austausch eines Fahrzeuges keineswegs, denn „es muss alles ein bisschen in Bewegung bleiben und der Geschmack verändert sich im Laufe der Zeit". Einzig dem Porsche 908/3 trauert er hinterher, denn mit diesem Rennwagen nahm er über viele Jahre hinweg an allen großen Motorsport-Highlights der Oldtimer-Szene teil. Zwischen 2001 und 2008 fuhr er beispielsweise mehrfach die Rennen in Goodwood, Le Mans, Silverstone und Spa und er berichtet mir an diesem Nachmittag von unvergesslichen Erlebnissen aus dieser Zeit.

„An der Mille Miglia habe ich mit einem schwarzen 300 SL Flügeltürer, Baujahr 1956, mit 2.996 ccm und 215 PS teilgenommen", erzählt der Geschäftsmann aus Frankfurt begeistert und dabei fällt mir auf, wie groß der Wunsch bei vielen „Traumgaragen"-Besitzern ist, die wohl bekannteste Oldtimer-Rallye der Welt mitzufahren. Viele hatten bereits das Glück und durften bei diesem besonderen Rennen in Italien an den Start gehen, andere träumen noch davon – wie ich auch. Umso schöner ist es für mich, nicht nur die Zeitungsberichte darüber zu lesen, sondern in solchen Gesprächen wie heute hautnah dabei zu sein. Zurzeit beschränkt sich Flettner auf ein paar historische Rundstrecken-Rennen mit seinem heiß geliebten Porsche 910 und die eine oder andere Oldtimer-Rallye mit dem Porsche 356 Speedster, einem ehemaligen US-Rennfahrzeug von 1958. Eine kleine Exkursion in den modernen Rennsport hat der Autonarr aber ebenfalls schon unternommen. Eine Zeit lang fuhr er mit einem „relativ neuen" Porsche GT3 RS G Langstrecken-Rennen auf dem Nürburgring.

Den seit zehn Jahren in Restauration befindlichen Wanderer W25K, einen wunderschönen sehr seltenen Roadster mit 6-Zylinder-Motor, Roots-Kompressor und 85 PS, von dem zwischen 1936 und 1937 nur 221 Stück gebaut wurden, und den bereits genannten Porsche 910 zählt Klaus Flettner zu den Lieblings-

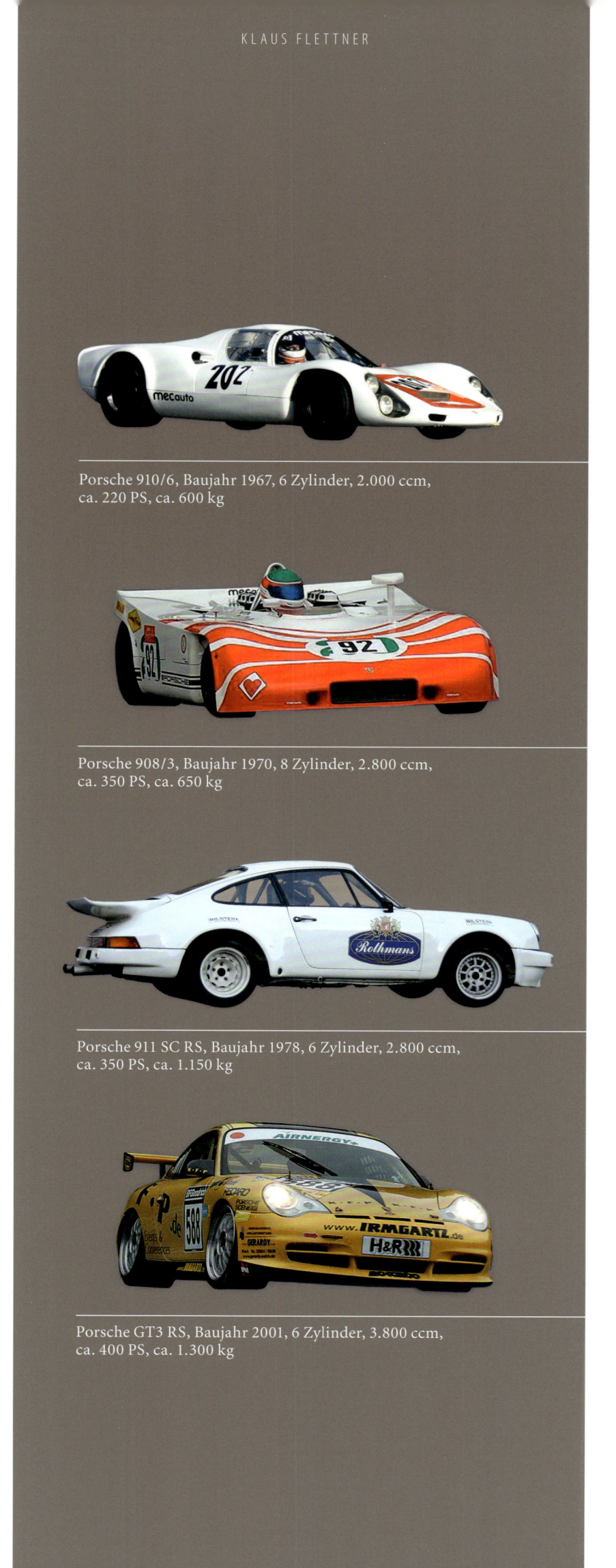

Porsche 910/6, Baujahr 1967, 6 Zylinder, 2.000 ccm, ca. 220 PS, ca. 600 kg

Porsche 908/3, Baujahr 1970, 8 Zylinder, 2.800 ccm, ca. 350 PS, ca. 650 kg

Porsche 911 SC RS, Baujahr 1978, 6 Zylinder, 2.800 ccm, ca. 350 PS, ca. 1.150 kg

Porsche GT3 RS, Baujahr 2001, 6 Zylinder, 3.800 ccm, ca. 400 PS, ca. 1.300 kg

„Die Autos müssen fahren, sonst gehen sie kaputt",
das ist Flettners Credo.

Ferrari 250 GT „Drogo", Baujahr 1961

Reifen
Kurzer Bremsweg
Reifen
VEITH
B.F. Goodrich
Reifen von Weltrang
CONTINENTAL
Groß-
PNEUS
Continental

stücken seiner Sammlung. Sein Traumwagen ist und bleibt jedoch der legendäre Porsche 917. Dieser war von 1968 bis 1973 im Rennzirkus zu bewundern und leistete sage und schreibe zwischen 520 und 1.100 PS!

Auf meine Frage, wie oft er sich in seiner Garage aufhalte, antwortet der Auto-Liebhaber: „So oft wie möglich! Die Garage ist für mich ein Rückzugsbereich aus dem Alltag, hier tanke ich Kraft und Inspiration für meinen Job und die Familie, außerdem setze ich mich intensiv mit den Fahrzeugen, den dazugehörigen Automobilia, der einschlägigen Literatur, überhaupt mit der gesamten Materie auseinander." Die Sammelleidenschaft hat er von seinem Vater geerbt, denn der „hat alles gesammelt, wirklich alles. Er stammt ja auch noch aus der Generation, die Nägel aus Brettern gezogen und gerade geklopft haben", erinnert sich Flettner. Dabei betont er aber, dass „das Sammeln nicht pathologisch und auch nicht heilbar" sei. Sein heute fast zweijähriger Sohn „liebt alles mit Lenkrad", erzählt der Frankfurter Unternehmer stolz. Mit ihm möchte der junge Vater sein Hobby gemeinsam leben und wenn möglich ausbauen. Sein großes Ziel ist es, irgendwann einmal Wohnung und „Garage" unter einem Dach zu vereinen: „Das wäre ein Traum", gesteht Flettner. Zurzeit ist die Sammlung in einem älteren Industriegebäude untergebracht und dabei auf mehrere kleine Hallen verteilt. Für einen der Räume wurde eine alte Wellblechgarage im Emsland abgebaut, ein Sockel aus Abbruch-Ziegelsteinen von einem Frankfurter Hinterhof-Wohnhaus gemauert und mit schönen Fliesen eines alten Bahnhofs in Klein-Winternheim ausgelegt. Mittlerweile verfügt diese ehemalige „Garage" auch über Dusche und WC und ist sehr geschmackvoll mit alten und modernen Elementen ausgestattet. Das bietet dem Eigentümer die Möglichkeit, auch mal länger in seiner „Traumgarage" zu verweilen. Ein versteckter Beamer mit Leinwand, die alte Warentheke und die modernisierte „Küchenhexe" sind regelmäßig bei Feiern mit Freunden und vielen anderen Gelegenheiten im Einsatz.

Die Oldtimer von Klaus Flettner sind alle angemeldet und stets einsatzbereit, denn „sie müssen fahren, sonst gehen sie kaputt", erklärt er mir. Sobald die Sonne lacht, fährt er mit ihnen durch das Rhein-Main-Gebiet, in dem er aufgewachsen und verwurzelt ist. Seine Frau hat verständlicherweise Angst, was seine Rennleidenschaft betrifft, aber sie teilt seine Passion für die schönen Fahrzeuge und schätzt die gelegentlichen Ausfahrten und Rallyes sehr. „Form, Design und das, was es kann, ist das Entscheidende am Auto. Ich bin nicht markengebunden, vielmehr entscheidet der Bauch!", sagt er lächelnd und fasst sich dabei an ebendiesen.

Klaus Flettner

Timo Pistorius

„Zum Ölstandprüfen brauch ich eine Leiter!"

Timo Pistorius wuchs in einer Familie auf, die stets mit Fahrzeugen aller Art zu tun hatte. Von 1958 bis 1968 führten sein Vater und sein Onkel eine Tankstelle im Westerwald, parallel bauten sie einen Fahrzeughandel für leichte Nutzfahrzeuge auf, die in der ländlichen Region gebraucht wurden. 1968 wurde die Tanke geschlossen, doch der Handel mit kleineren LKWs wie zum Beispiel Hanomag Kurier, Mercedes 813 und Unimog wurde bis 1978 weiterbetrieben. Daneben hatte der Vater im Laufe der Jahre eine Sammlung aus einigen Oldtimern (BMW V8, Triumph Spitfire, Goggomobil, Fiat Topolino) und vielen Motorrädern (darunter die NSU-Palette von Quick bis Max, eine NSU Konsul mit Steib-Seitenwagen und ein NSU Kettenkrad) zusammengetragen.

Zwar steckte die Oldtimerei in den 70er Jahren noch in den Kinderschuhen, doch hatte der kleine Timo bereits an vielen der damals seltenen Treffen und Oldtimer-Ausfahrten teilgenommen, als es 1983 in Castrop-Rauxel zu einem Schlüsselerlebnis für ihn kam. Es war das erste LKW-Treffen, das er mit seinem Vater besuchte, und sollte der Beginn einer großen Leidenschaft werden. Der gerade mal zehnjährige Junge war begeistert von den ausladenden Dimensionen und der Kraft dieser monumentalen Fahrzeuge der Nachkriegszeit und ihm wurde klar, dass ein „normaler Oldtimer" für ihn einfach zu klein war. Bereits mit zwölf „kaufte" er sich seinen ersten eigenen LKW, einen Langhauber Henschel HS 95 – für „eine Kiste Bier und 'nen Spießbraten". Das war natürlich ein Traum für jedes Kind, für andere dagegen eher ein Albtraum. „Was willst du denn damit?", „Was soll denn das?", „Fährt der denn noch?" waren nur einige Fragen der verdutzten Familienmitglieder. Doch Pistorius ließ sich nicht beirren. Zwei Jahre später tauschte er den Henschel gegen einen Borgward B 2500 Kipper aus dem Jahre 1954.

Heute ist Pistorius Besitzer von zwölf legendären Nutzfahrzeugen aus den Jahren 1938 bis 1968, die in einer riesigen Backsteinhalle am Ortsrand eines kleinen Westerwald-Städtchens ein wunderschönes Zuhause gefunden haben. Überaus freundlich werde ich empfangen und bereits das Entree der ehemaligen Schreinerei ist einfach traumhaft. Liebevoll hat der Hausherr den nachträglich angebauten Vorgarten gestaltet, sein Auge fürs Detail ist schon hier unverkennbar. Entsprechend klar strukturiert und geschmackvoll eingerichtet ist auch das Innere der „Traumgarage". Tonnenschwere Motoren stehen auf Holzpaletten, als seien sie unverrückbar, Hunderte Ersatzteile lagern in den vielen Regalen und neben der Hauptattraktion, den Lastkraftwagen, gibt es jede Menge weiterer Sammlerstücke zu bewundern – ein Abenteuerspielplatz für große Jungs. Und so wundert es mich nicht, wenn Pistorius, nach seiner Motivation befragt, den Wunsch hervorhebt, Zeit mit den geliebten Fahrzeugen zu verbringen und ihren Anblick zu genießen. Manchmal setzt er sich alleine oder mit Freunden einfach in die Halle, trinkt ein Bier

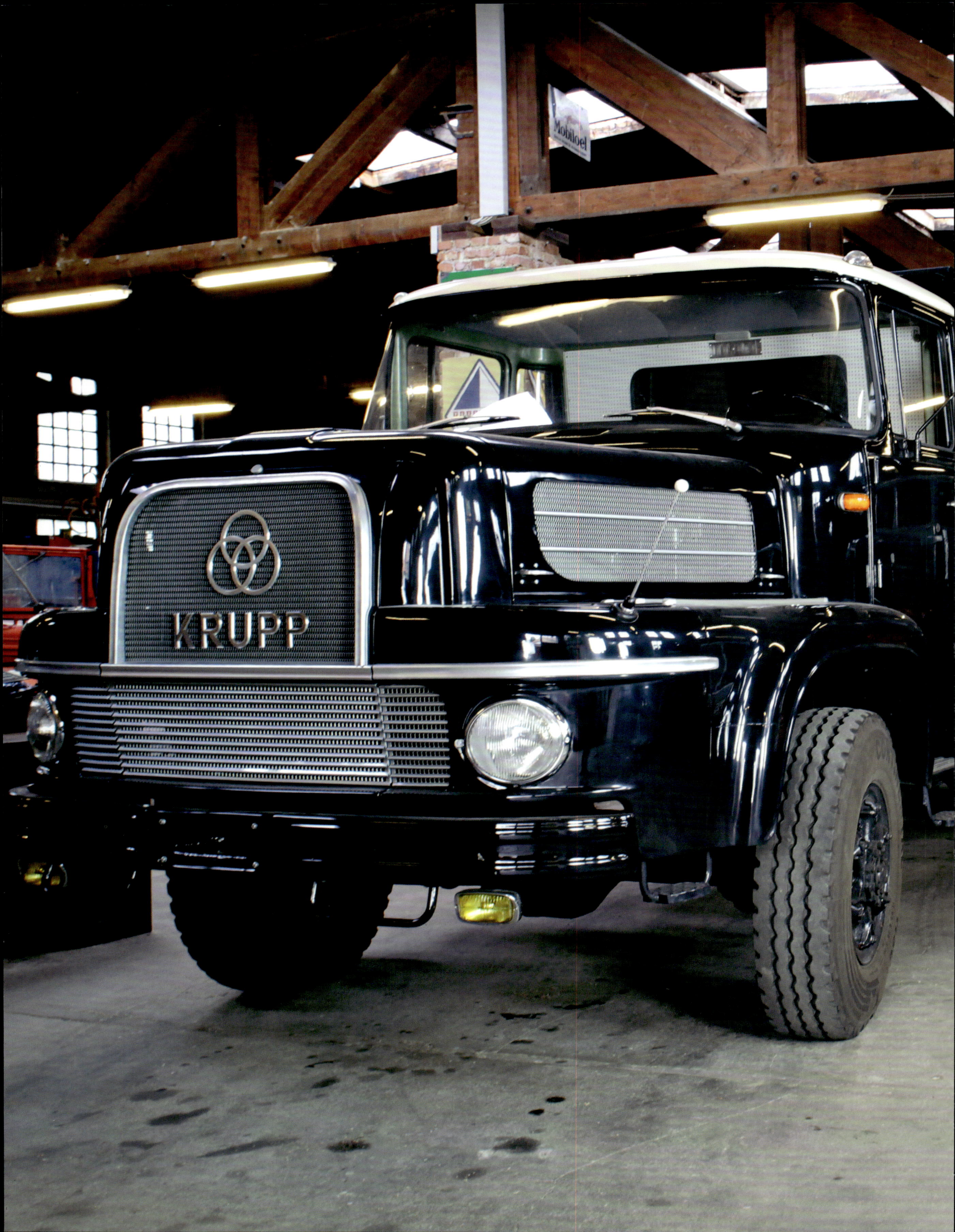
Mobiloel
KRUPP

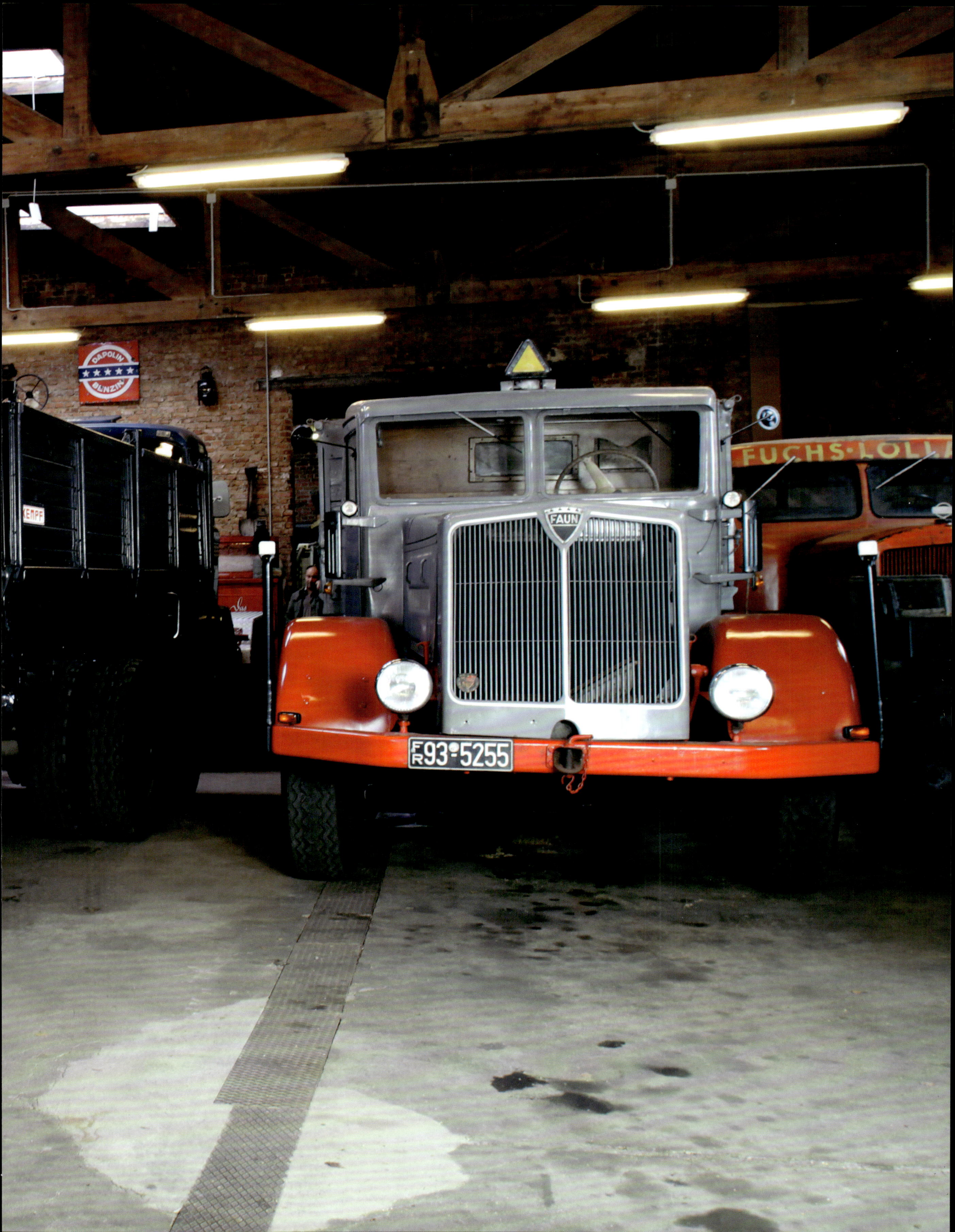
DAPOLIN
BENZIN
KEMPF
FAUN
FR 93-5255

DASS MAN ZUM SAMMELN PLATZ BRAUCHT, IST MIR NATÜRLICH SEIT LANGER ZEIT BEWUSST, ABER WAS ES HEISST LKWS ZU SAMMELN, WAR MIR BIS DATO NICHT KLAR. MEHR PLATZ! UND DEN HAT TIMO PISTORIUS IN DER GROSSEN BACKSTEINHALLE, EINER EHEMALIGEN SCHREINEREI IM WESTERWALD.

und genießt die Atmosphäre. Zu späterer Stunde werden dann die Scheinwerfer der LKWs eingeschaltet und der eine oder andere auch mal gestartet. „Das klingt zwar verrückt, aber macht ungemein Spaß ... und dabei werden vielfältige Ideen generiert, notiert und baldmöglichst umgesetzt."

Ein Stamm von sechs bis acht Fahrzeugen bildet den festen Grundstock der Sammlung, die anderen könnten durchaus ausgetauscht werden, meint Pistorius, „wobei dann schon etwas Besonderes kommen müsste". Der Hanomag ST 100 gehörte schon „zum Stadtbild der 30er Jahre", erklärt er und so darf ein solcher Langhauber – in diesem Fall ein Exemplar aus dem Jahr 1951 in Blau – selbstverständlich auch in seiner Sammlung nicht fehlen. Den Krupp AK 360 erwarb Pistorius 1995 von seinem Onkel, dem er versprechen musste, das Fahrzeug zu restaurieren, es zu erhalten und vor allem zu behalten. So hat er in Hunderten von Stunden den AK 360 in einen perfekten Zustand versetzt und es hat sich gelohnt. Bevor sein Onkel verstarb, sind die beiden noch ein paar Runden in dem äußerst seltenen LKW gefahren – es gibt „vielleicht insgesamt noch 16 Laster dieser Baureihe" und sicher ist der von Timo Pistorius einer der besterhaltenen. Als Highlight der Sammlung betrachtet er dennoch den akribisch restaurierten Faun L8/56 von 1954, einen wundervollen weinroten Fernverkehrswagen mit Schlafkabine (dem sogenannten „Schwalbennest"), Schnellganggetriebe und einer Höchstgeschwindigkeit von 78 Stundenkilometern.

Sein absolutes Lieblingsfahrzeug ist aber der graue Faun L7Z von 1950, den er durch einen glücklichen Zufall aus erster Hand erwerben konnte. Lang und breit hatte ihm ein Mercedes-Händler aus Norddeutschland eines Sonntagsmorgens am Telefon von einem 300er „Adenauer" erzählt, den zwei ältere Damen bei ihm warten ließen, als es Pistorius endlich gelang, ihn darauf hinzuweisen, dass er nur LKWs sammle. Worauf sich herausstellte, dass die angesprochenen Witwen ehemaliger Unternehmer einen Faun zu bieten hatten. Pistorius konnte sein Glück kaum fassen und reiste sofort gen Norden, um das Objekt seiner Begierde persönlich abzuholen. Wunschlos glücklich kann ein passionierter Sammler aber natürlich niemals sein und so gesteht Pistorius, nach seinem „Traumfahrzeug" befragt:

Persil
BORGWARD
SERVICE
Fahrt
Reifen
Vergölst
POLIZEI-FEUER
BENZIN
Dierdorf
Fulda

Zu Ihrer Information: Das ist der Blick aus dem Wohnzimmer der Familie Pistorius.

„Da gibt es keinen speziellen, aber das Traumfahrzeug wird einfach kommen, eines Tages wird es vor mir stehen und dann ..."

Die PKW-Oldies der väterlichen Sammlung hatten Pistorius in der Kindheit nicht sonderlich beeindruckt, die Motorräder dagegen schon: „Marken wie Horex, NSU, BMW und so weiter fuhren schließlich die Kumpels und Kunden von Papi, das bleibt schon haften." Aus diesem Grund blitzt hier und da neben einem der LKWs auch ein zweirädriger Veteran hervor. Aber auch hier gibt es noch Träume zu erfüllen: „Eine Horex Regina, die mein Vater mal besaß, das wär noch was", verrät mir Pistorius.

Die „eiserne Jungfrau" – eine Shell-Tanksäule aus den 20er Jahren – mit dem dazugehörigen Ölkabinett ist unter Sammlern heiß begehrt. Immer wieder wird Timo Pistorius gefragt, ob er die beiden nicht verkaufen wolle. Doch das möchte er eigentlich nicht, schließlich sind sie das Erste, was er morgens sieht, wenn er die Werkstatt betritt, und abends, wenn er zurück in die angrenzende Wohnung geht, berührt er sie manchmal sogar!

TIMO PISTORIUS

„Und wie steht die Familie zu Ihrem Hobby?", frage ich ihn. „Die Frau lebt das mit, das geht auch nicht anders, wenn man quasi in der Werkstatt wohnt, durch diese Tür kommt man direkt in unsere Küche." Und schon tritt Saskia Pistorius durch ebendiese Tür und verwöhnt uns mit Kaffee und selbst gebackenen Plätzchen – natürlich in Oldtimer-Form! Der kleine Frederik, beim Fotoshooting gerade mal neun Wochen alt, wird mit diesem Dieselgeruch wohl groß werden müssen, er konnte mir leider nicht sagen, wie er das findet, aber er wird sich der Brummi-Leidenschaft der Eltern wohl kaum entziehen können.

Für mich ist Pistorius der LKW-Experte schlechthin, er beeindruckt durch seine lückenlose Kenntnis der Marken und Typen aller deutschen LKWs, hat zu jedem die PS- und Zylinderzahl parat und auch sonst viel Wissenswertes zu berichten. Zudem versteht er es, seinen Vortrag mit dem einen oder anderen lockeren Spruch zu würzen. Nachdem ich erfahren habe, dass der blaue Krupp AK 701, Baujahr 1961, im Volksmund „Krupp Mustang" genannt, über einen 2-Takt-Dieselmotor mit Roots-Kompressor, 4,7 Liter Hubraum und 156 PS verfügt und es auf sechs Tonnen Leergewicht bringt, weist er mich schelmisch grinsend auf eine weitere Eigenschaft des Fahrzeugs hin: „Der Krupp kann seinen Namen sagen – er macht krupp, krupp, krupp!" Am Ende meines Besuches fühle ich mich auch als Experte – und bestens unterhalten.

Ich habe in Timo Pistorius einen sympathischen und humorvollen Menschen kennengelernt; auf die abschließende Frage, ob Besichtigungen seiner „Traumgarage" möglich seien, antwortet er kurz und bündig: „Jeder, der sich interessiert, ist willkommen!"

Eine andere Dimension.
Die massiven, schweren, und unverwüst-
lichen Objekte scheinen unverrückbar.

Timo Pistorius

Dirk Patschkowski

"Kleine Träume!"

Dirk Patschkowski liebt es, mit der Kreativität zu spielen und zu gestalten. Und er legt großen Wert darauf, seine Automobile im jeweils passenden Ambiente zu präsentieren, denn für ihn bieten Garagen weit mehr als nur eine Unterstellmöglichkeit. So hat er gleich mehrere „Traumgaragen", von denen jede einen höchst individuellen Charakter besitzt und ihre eigene Geschichte erzählt.

Er wählt die Fahrzeuge und Einrichtungsgegenstände ganz bewusst und setzt sie regelrecht in Szene. Die „Garage" mit dem maroden VW Bulli ähnelt beispielsweise einem Scheunenfund. Durch die verstaubten Scheiben fällt nur wenig Tageslicht auf das stark verschmutzte Gefährt, die alte Werkbank und andere, scheinbar achtlos abgestellte Gegenstände. Eine weitere Garage, welche die englischen Klassiker beherbergt, ist dagegen als Werkstatt konzipiert. Sie ist klar strukturiert und perfekt ausgeleuchtet, hier wirkt alles wohlgeordnet und zugleich lebendig. Jedes dieser „Stillleben" verströmt einen ganz eigenen Charme, dem man sich nicht entziehen kann. Um der Frage auf den Grund zu gehen, wie er auf die außergewöhnliche Idee kam, für seine Oldtimer verschiedene „Bühnenbilder" zu bauen, frage ich Dirk Patschkowski nach seinen Anfängen.

Schon von Kindesbeinen an sei er von älteren Automobilen und Hinterhof-Werkstätten fasziniert gewesen, fängt der geborene Wuppertaler an zu erzählen. Im Alter von sieben Jahren bekam er seine erste Kamera, mit der er alles festhielt, was ihn begeisterte. Dadurch hat Patschkowski seine Wahrnehmungsfähigkeit geschult und ein Auge sowohl für oft unauffällige Details wie für den Gesamteindruck bekommen. Für seine „Spinnereien" entwickelt er immer wieder neue Konzepte und er nimmt sich sehr viel Zeit dafür. Erst nach reiflicher Überlegung kauft er gezielt Fahrzeuge und entsprechende Accessoires ein. Der 47-Jährige strebt „das optimale Bild an, denn es bedarf einer ausgewogenen Balance, um die gewünschte Stimmung zu erzeugen", erklärt er mir. Er sieht seine Aufgabe darin, Erinnerungen wachzurufen oder ganze Fantasiewelten zu erschaffen. Am Anfang ist da zunächst nur das Automobil. Dann lässt Patschkowski seinen Gedanken und Vorstellungen freien Lauf: „Langsam baue ich in meinem Kopf ein Szenarium und beginne, Details zu entwickeln. Ich bin dabei nahezu davon ‚besessen', bestimmte Szenerien so realistisch und detailgenau wie möglich nachzubauen. Hierbei darf man nicht daran denken, wie viel Aufwand und Arbeit die einzelnen Teile benötigen, das muss man ausblenden, sonst ist das Ergebnis nicht perfekt", weiß der passionierte Kulissenbauer. „Wenn dann das Bild im Kopf fertig ist, beginnt die mühsame Umsetzung."

In aller Bescheidenheit überlässt er dem Betrachter die Wertung seiner Arbeiten. Für mich allerdings ist jede einzelne ein wahres Kunstwerk, originell und einzigartig. In der Werkstatt des Meisters findet man all die Utensilien und Werkzeuge, mit denen die

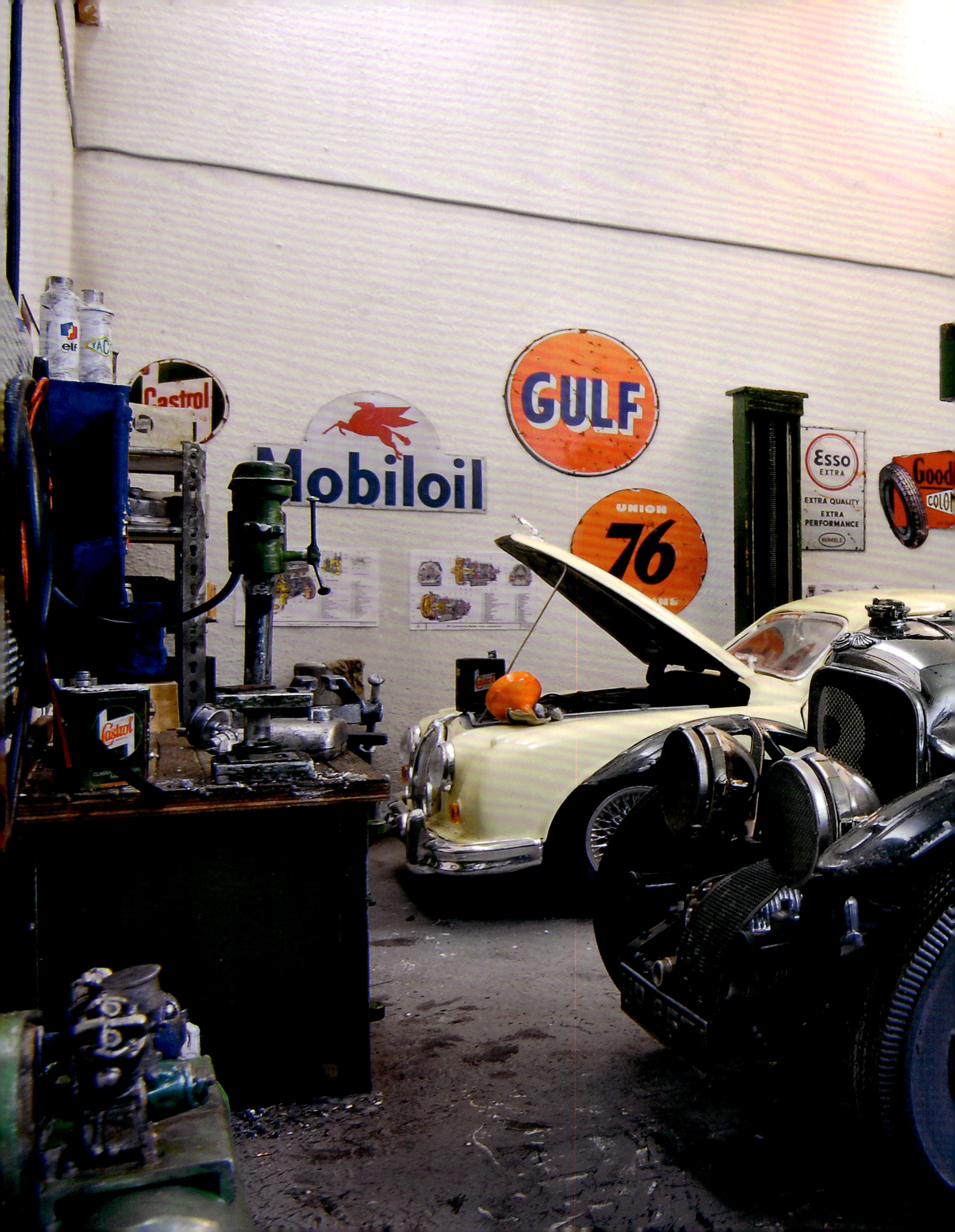
Castrol
Mobiloil
GULF
UNION
76
Esso
EXTRA
EXTRA QUALITY
EXTRA
PERFORMANCE
elf
Castrol

Mobiloil
NO SMOKING
Mobilgas
STOP YOUR MOTOR 76 NO SMOKING
STOP YOUR MOTOR 76 NO SMOKING
FLYING A GASOLINE
BP
8

wunderschönen Ensembles hergestellt werden. Mit unerschöpflicher Kreativität und bewundernswertem handwerklichen Können entstehen hier die „Traumgaragen". Und mit unendlich viel Fingerspitzengefühl, denn bei den Fahrzeugen handelt es sich – Sie haben es längst gemerkt – um Modellautos und die dafür angefertigten Kulissen haben Puppenhausformat: Dirk Patschkowski baut Dioramen im Maßstab 1:18 und 1:8.

Bei der Umsetzung dieser „kleinen Träume" kommt es dem Künstler vor allem darauf an, dem Ganzen Leben einzuhauchen und eine Geschichte zu entlocken. Und zum Leben gehört nun einmal die Vergänglichkeit. Dinge mit „morbidem Charme" haben ihn schon immer begeistert: „Viel mehr als die neuen und cleanen Dinge interessieren mich Autos im gebrauchten, benutzten und gefahrenen Zustand. Wie ein Fahrzeug nach der Rallye aussieht, ist doch viel spektakulärer als vor dem Rennen, denn jetzt kann das Auto eine Geschichte erzählen", erklärt er. Und genau diese Momentaufnahmen en miniature haben es dem Detailbesessenen angetan. Auf einer Automobilausstellung sah er einmal einen Schaukasten mit Modellauto, von dem er

DIRK PATSCHKOWSKI

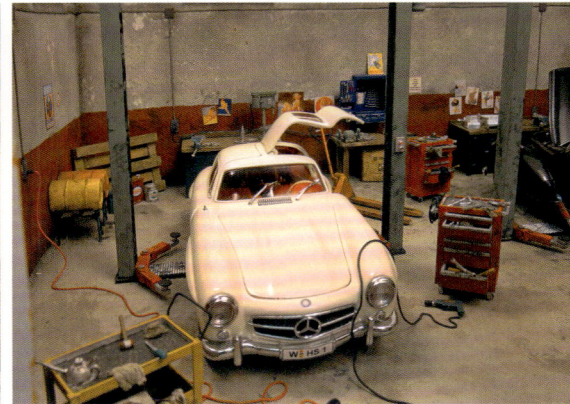

138 | 139

damals glaubte: „Das kann man besser machen!" Dies motivierte und inspirierte ihn, eine Miniaturausgabe seiner „Traumgarage" zu bauen. So musste schließlich im Jahre 1993 ein bespielter Vorkriegs-Alfa-Romeo im Maßstab 1:18 sowie eine alte Holzkiste als Basis für seinen ersten szenisch dargestellten Scheunenfund herhalten. Er hatte zwar sofort eine klare Vorstellung davon, wie alles aussehen sollte, doch leider noch nicht das nötige Wissen, wie er sein Ziel erreichen konnte. Patschkowski experimentierte und tüftelte mit verschiedenen Materialien, um die gewünschten Effekte zu erzielen. Er fotografierte Wände, Schilder und Plakate, verkleinerte sie und klebte alles auf. Viele Dinge aus dem Alltag hat er zweckentfremdet, bemalt, kreativ umgestaltet und in sein erstes Diorama eingebaut.

Mittlerweile ist der gelernte Offset-Drucker und heutige Fotograf und Online-Designer ein Experte auf dem Gebiet der automobilen Stillleben und Miniaturwelten. Mit Werkzeugen wie Zahnarztbohrer, Pinzette, Lupe und Sekundenkleber erschafft er sowohl persönliche Träume als auch individuelle Sonderanfertigungen für seine Kunden. Der Bastler kennt alle Mini-Bauteile aus dem Modellbau. Was es nicht gibt, wie etwa Miniatur-Werkzeuge und -Maschinen, lässt Dirk Patschkowski extra aus Zinn herstellen. Die Kleinteile werden dann entsprechend patiniert und koloriert. Viele Sachen stellt er aber auch selbst her und dabei ist kein Zahnstocher, Schnürsenkel oder metallener Grillspieß vor ihm sicher. Gabelschlüssel, Benzinkanister und Batterien im Kleinformat werden zum Teil aus Holz zurechtgeschnitzt. Der Staub auf den Fahrzeugen wird mit einem Blasröhrchen und Pinsel aufgebracht und Ruß, Farben, Lacke und Sand braucht er zum Patinieren. „Für den Rost habe ich vier verschiedene Farb- und Pigmentmischungen hergestellt, die dann in unterschiedlichen Mixturen aufgetragen werden", erklärt der Perfektionist.

Er gibt zu, dass es ihn am Anfang einige Überwindung gekostet habe, ein teures Hochglanz-Modell aus der Originalverpackung zu nehmen, um es dann zu beschädigen, mit Beulen und Kratzern zu versehen, zu entlacken und anschließend zu patinieren. „Abgetretene Gaspedale, Holzlenkräder mit Macken und Rissen, durchgesessene und verschlissene Ledersitze – das liebe ich, denn das erzählt mir eine Geschichte!", schwärmt der Erbauer der fantasievollen Schaukästen. Heute kreiert Dirk Patschkowski diese exklusiven Einzelstücke in einer handwerklichen Brillanz und Vollendung, die ihresgleichen suchen. Staubbedeckte Windschutzscheiben, Taubendreck und Spinnweben, tote Fliegen auf den Scheinwerfern, abgefahrene Reifen, matschige Straßen, ölige Fußspuren, Plakate und Pin-up-Poster, alte Werkstatthandbücher und Zeitschriften – wie etwa Playboy-Magazine mit schmutzigen Fingerabdrücken des Schraubers –, Bremsabrieb auf den Felgen, ölgetränkte Putzlappen, ja sogar zerknüllte Zigarettenpackungen und Flugrost an den Scheibenbremsen – es gibt nichts, was mein Gastgeber nicht täuschend echt nachbilden könnte. Patschkowski macht alle Wünsche wahr.

Inzwischen hat er sich sogar an die Patinierung von Oldtimern der Oberklasse im Maßstab 1:1 herangewagt.

„Da kamen Leute auf mich zu und haben mir ihren Bugatti 35 oder Bentley ‚Blower' anvertraut, um auch ihr Fahrzeug nach einer ‚zu perfekten' Restaurierung wieder eine Geschichte erzählen zu lassen", freut sich Patschkowski.

Im echten Leben fährt der leidenschaftliche Tüftler einen VW T1 Pick-up von 1965 mit Pritsche, der ihm bei Ausstellungen und Events als Dekofläche und „Bauchladen" für seine Gesamtkunstwerke dient.

Dirk Patschkowski sieht sich selbst nicht als Modellbauer. Er sei lediglich detailverliebt, meint er. Dabei legt er großen Wert darauf, dass seine Arbeiten allesamt Unikate sind – Serienfertigungen gibt es bei ihm nicht. Zwischen 50 und 200 Arbeitsstunden benötigt er für ein Diorama und „wenn die Leute, für die ich die Modelle baue, ihre Freude daran haben, dann bin ich richtig zufrieden", sagt der Schöpfer dieser großartigen „kleinen Träume" bescheiden.

MIT WERKZEUGEN WIE ZAHNARZTBOHRER, PINZETTE, LUPE UND SEKUNDENKLEBER
ERSCHAFFT ER SEINE TRÄUME.

Dirk Patschkowski

Der Perfektionist

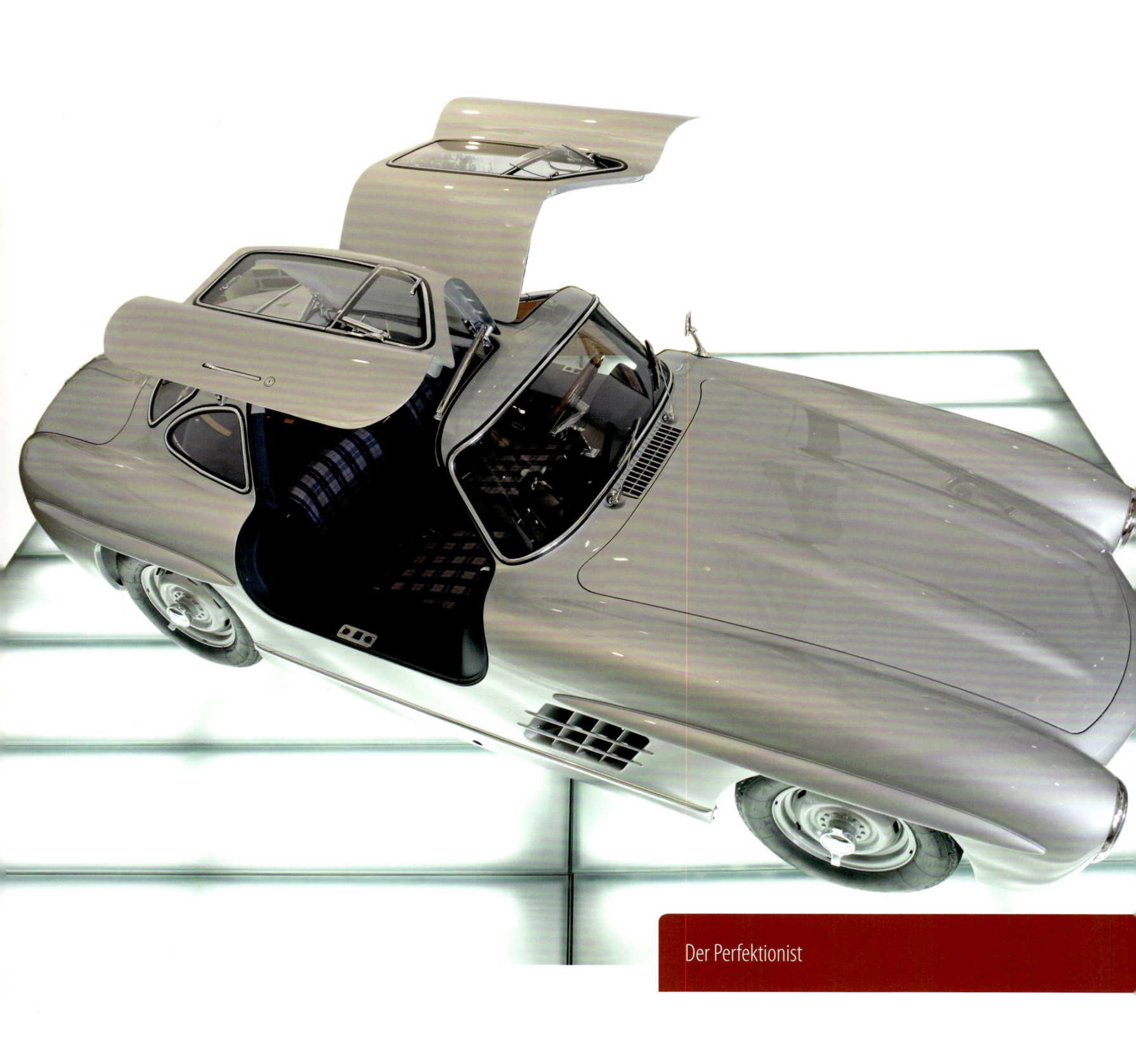

„Ein Wohnzimmer für die vierrädrigen Familienmitglieder!"

Mit großer Vorfreude habe ich den vereinbarten Termin herbeigesehnt, um „das Wohnzimmer für unsere vierrädrigen Familienmitglieder", wie der Hausherr es nennt, für dieses Buch zu fotografieren. Und das, was mich dort erwartet, verschlägt mir fast den Atem: Ich stehe vor einer unglaublichen Sammlung von Mercedes-Fahrzeugen, und das in einem umwerfend geschmackvollen Ambiente. Ich brenne darauf, diesem „Wahnsinn" auf den Grund zu gehen und alles über diesen wirklich „traumhaften" Ort zu erfahren.

Zunächst interessiert mich natürlich, wo die Wurzeln zu dieser einzigartigen Kollektion liegen. Freundlich und offen gibt der Gastgeber nicht nur hierüber Auskunft – er sprudelt förmlich über vor Geschichten und Anekdoten, so dass ich im Verlauf des Besuches kaum noch eine Frage zu stellen brauche.

Seine Liebe zu Fahrzeugen verdankt der Sammler seiner Großmutter, die in den 30er Jahren an sogenannten „Automobilturnieren" teilnahm. Von noch größerem Einfluss war aber sicher der „autoverrückte" Vater, der dem Sohn die wunderbare Welt der Automobile nahebrachte und insbesondere den Grundstein zu dessen späterer Vorliebe für Fahrzeuge „mit dem Stern" legte. Zu Weihnachten 1957 bekam er seinen ersten Mercedes geschenkt, ein Tretauto zwar, aber mit Stern! Dieser Stern hat es ihm seitdem angetan, er symbolisierte für ihn bereits als Kind Qualität und noch heute betrachtet er die Wagen aus dem Hause Mercedes einfach als hervorragende Autos. Und so verwundert es nicht, dass es ihm gelang, seinen Vater, der nach vielen Mercedes-Fahrzeugen auf einen Jaguar umgestiegen war, schließlich erneut von der besonderen Qualität der Automobile „mit dem Stern" zu überzeugen. Die enge Verbundenheit mit dem Vater wird in der Sammlung durch das erste und das letzte Fahrzeug dokumentiert, das sich in dessen Besitz befunden hatte: ein DKW-Motorrad von 1938 und einen Mercedes 500 SEL von 1985, die der Sohn nach aufwendigen Recherchen zurückkaufen konnte und seitdem hütet wie seinen Augapfel.

Seine Sammelleidenschaft erwachte, als es ihm nicht mehr genügte, mit seinen Wiking-Modellautos im Sandkasten zu spielen. „Von da an wurden die Maßstäbe größer, bis schließlich der Maßstab 1:1 erreicht wurde", erzählt er. Dabei war sein Hauptaugenmerk immer auf den Mercedes-Stern gerichtet, der, wie er mich aufklärt, von Gottlieb Daimler ersonnen wurde, um seine Idee zu symbolisieren, Motoren zu bauen, welche zu Lande, zu Wasser und in der Luft eingesetzt werden konnten. Jeder einzelne Pfeil des Dreizacks steht für je eines dieser Elemente.

Der erste eigene Wagen war allerdings ein Opel Manta „Berlinetta" in Silber mit grauer Ausstattung und Vinyldach – man merkt dem Sammler an, wie alte Erinnerungen in ihm wach werden – und der Weg zum ersten Mercedes im Maßstab 1:1 führte noch über einen Porsche 924 und einen Rover SD1. Das erste motorisierte Fahrzeug mit dem Stern war dann ein 280 TE von 1980. Mitte der 80er Jahre kam mit der Mercedes „Pagode" schließlich der erste „Gebrauchtwagen" hinzu, damals sicher noch kein Oldtimer, aber heute ein Klassiker und nach 27 Jahren immer noch in seinem Besitz.

Er glaubte zunächst, die „Pagode", die er mit Freunden liebevoll restaurierte, bliebe für immer das Prunkstück seiner Sammlung. An einen Vorkriegsrennwagen hatte er nur ab und zu einmal gedacht, hin und wieder einen Blick darauf geworfen, aber einen zu besitzen, das schien dem Sammler unvorstellbar. Und warum auch? Schließlich waren die „Pagode" und die übrigen Nachkriegsfahrzeuge doch so pflegeleicht und man konnte noch alle Ersatzteile bekommen. Außerdem war er der Meinung, man könne solche Vorkriegswagen nicht mehr kaufen. Er las sich in das Thema ein und informierte sich sogar über Mercedes-Replikate der 20er Jahre. Als er einen in seine Träume eingeweihten Freund immer wieder fragte, ob man sich einen Vorkriegswagen „antun müsse", kam man gemeinschaftlich zu dem Entschluss: „Ja, man muss – und zwar schnell!" Gesagt, getan, das erste Fahrzeug mit der faszinierenden Mechanik und den ausladenden Kotflügeln war rasch gefunden, „eine unscheinbare Annonce machte es möglich", und die Aussicht, einmal die Mille Miglia mitzufahren, stieg mit einem solchen Fahrzeug beträchtlich.

SERVICE
WIMO·Sip — Der beste Tip — Nur WIMO·Sip
ESSO EXTRA MOTOR OIL
WIMO·Sip
BV-ARAL
SERVICE

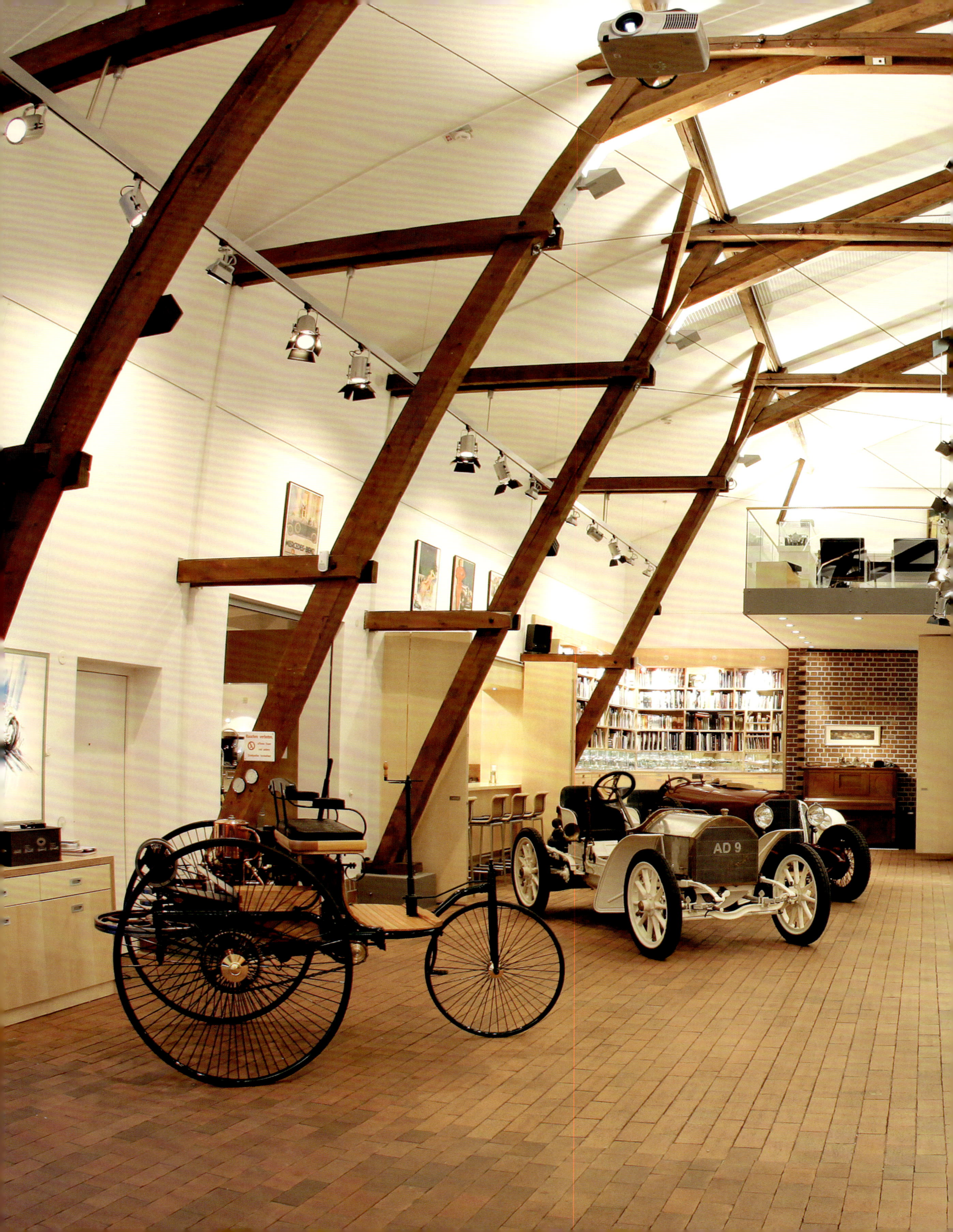
AD 9

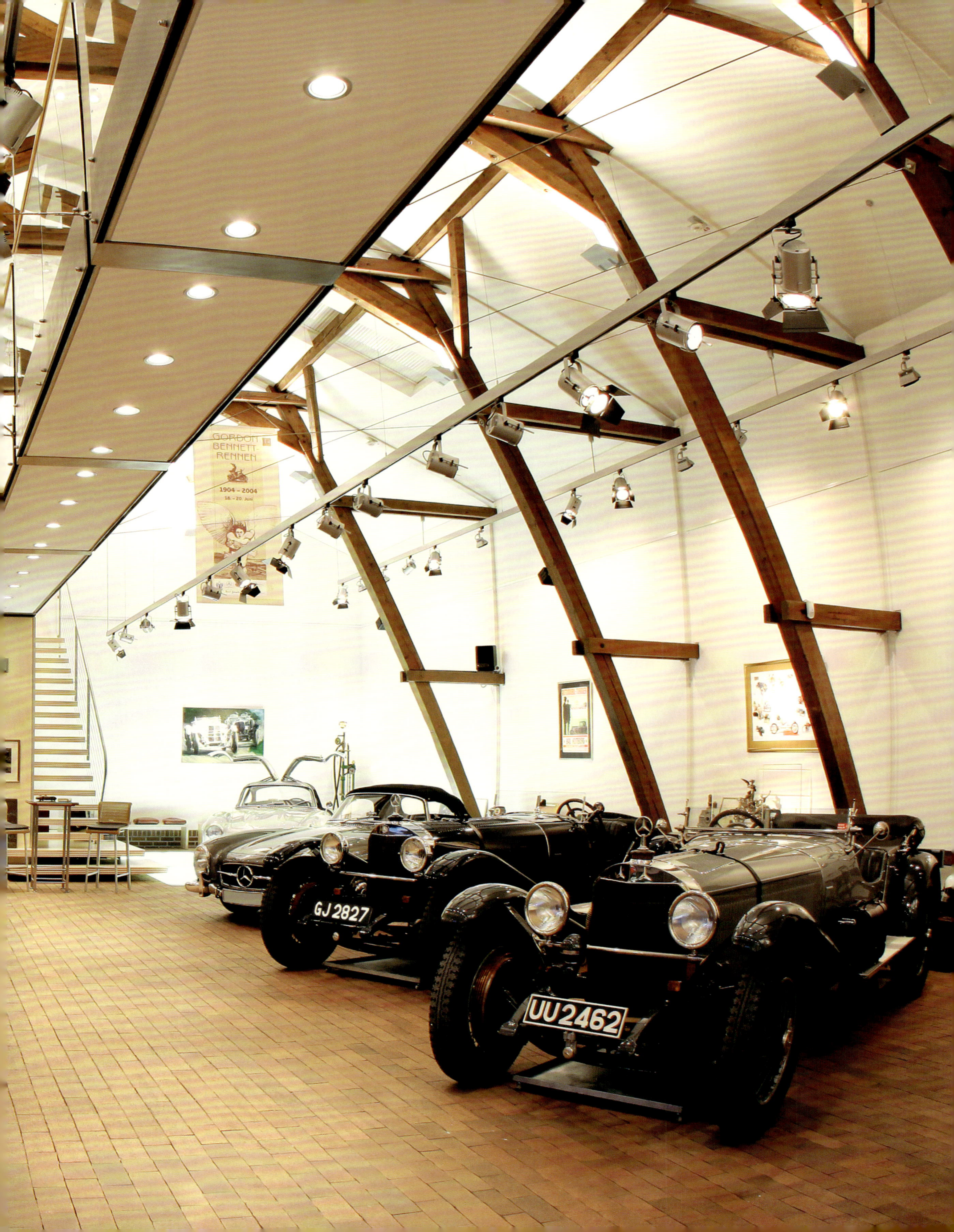
GORDON BENNETT-RENNEN
1904 - 2004
GJ 2827
UU 2462

Einmalige Impressionen bietet der Ausblick von der schwebenden Galerie.
Der Erstbesitzer des Mercedes 600 war Udo Jürgens ... ebenso beeindruckend!

DER PERFEKTIONIST

Im Übrigen zeichnet das den „Traumgaragen"-Besitzer besonders aus, er geht stets mit Entschlusskraft, riesengroßem Enthusiasmus und höchster Präzision vor, wenn er sich etwas in den Kopf gesetzt hat.

Heute sehe ich in der „Scheune seiner Frau" – er verrät mir, dass manche behaupten, er habe „sie nur wegen der Scheune geheiratet" – ein Highlight nach dem anderen in der Sammlung des „Perfektionisten". Das graue S-Modell ist mein absoluter Favorit. Der Sammler selbst sagt, dass „jeder einzigartig ist, jeder hat seine Faszination und seine Daseinsberechtigung". Von außen sieht man der „Scheune" nicht an, was in ihr steckt: Neben der atemberaubenden Sammlung findet man im Inneren eine ebenso großzügig wie liebevoll ausgestattete Ausstellungshalle mit genialer Dachkonstruktion vor, die auch für ein Architektur-Buch fotografiert werden könnte.

Auf die Frage nach einem Wunsch- oder Traumfahrzeug antwortet der Mercedes-Enthusiast, dass er ein „sehr zufriedener und glücklicher Mensch" sei, doch „es gibt immer wieder Träume, die man sich auch erfüllen sollte".

Dieser glückliche Mensch ist nebenbei ein wandelndes Lexikon, die jeweilige Historie der Fahrzeuge und ihrer ehemaligen Besitzer

150 | 151

sind nahezu vollständig recherchiert und entsprechend akribisch dokumentiert, irgendwann vorgenommene Umbauten belegt er durch alte Originalfotos. Dies unterstreicht einmal mehr seine Leidenschaft fürs Detail, die mich begeistert und ansteckt. Bis in alle Einzelheiten erläutert mir der Hausherr die Geschichte und die Charakteristika der Automobile in seiner Sammlung und spricht mit großer Ehrfurcht von den Erbauern

Vitrinen mit Automobilia und Exponaten rund um den „Stern" laden zum Träumen ein.

dieser technischen Wunderwerke. Während unseres Gespräches ist der „Bezirksirre", wie er sich ab und an selbst nennt, ständig in Bewegung, sucht Belegmaterial in seiner Bibliothek, die ein Eldorado für jeden Sammler ist, öffnet hier eine Vitrine, dort eine Schiebetüre und überrascht mich immer wieder mit Literatur und entsprechenden Anekdoten.

152 | 153

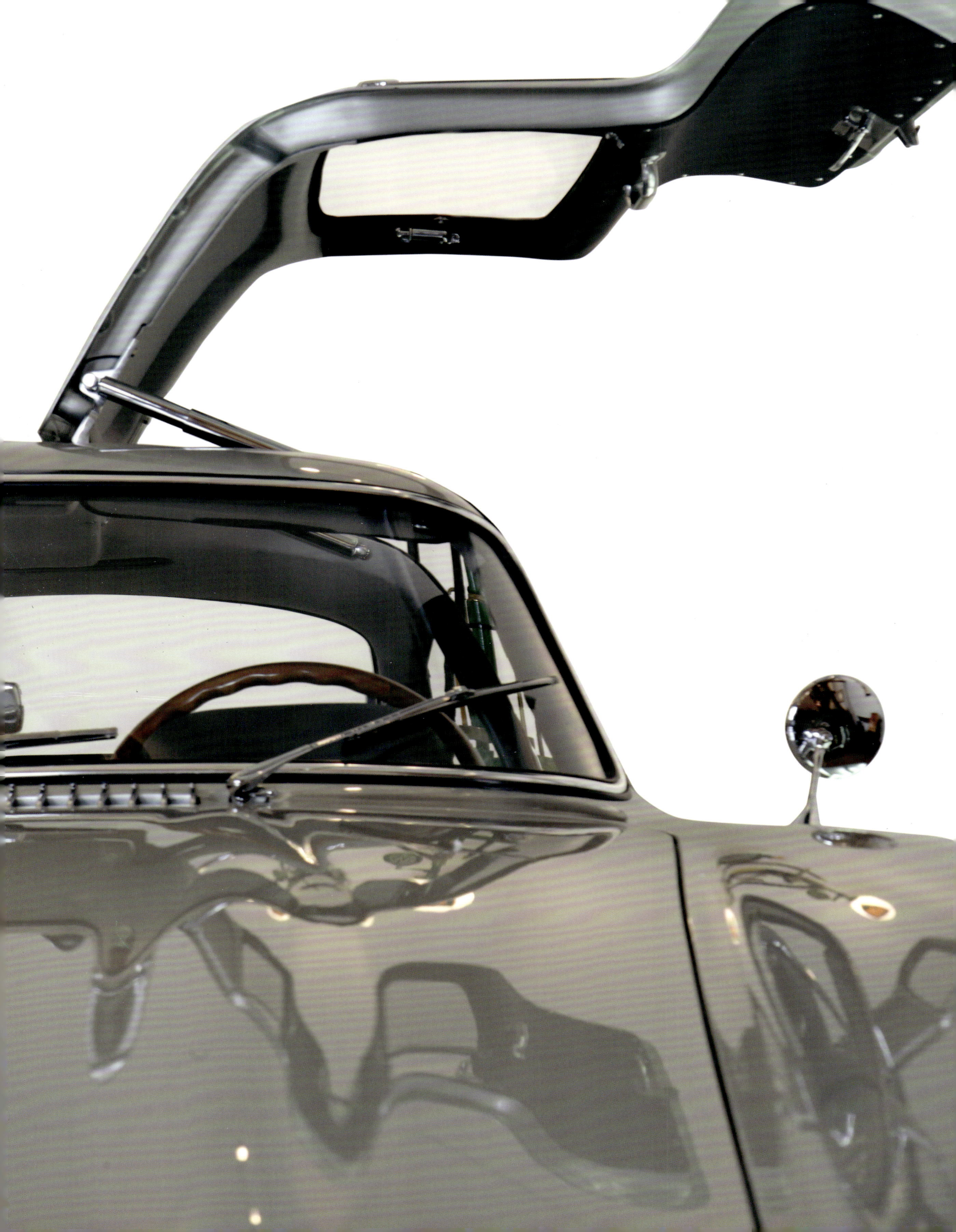

MERCEDES HAT VON 1924 BIS 1926 FAHRRÄDER GEBAUT. EIN SEHR SELTENES
MERCEDES-ZWEIRAD MIT ZWEI STERNEN AUF DEM UNGEWÖHNLICH KANTIGEN
STEUERKOPF GESELLT SICH HIER ZU DEN VIERRÄDERN.

Die Namen der Rennfahrer und Rennfahrerinnen, die Typenbezeichnungen und technischen Daten der Fahrzeuge sprudeln förmlich aus ihm heraus. Und ganz nebenbei zeigt er mir Schubladen, die mit Autoplaketten, Emaille-Schildern, Medaillen, Münzen und weiteren Automobilia angefüllt sind, und auch hier hat jedes Stück seine Geschichte. Es ist eine Freude, ihm zuzuhören. Der Enthusiasmus, mit dem der Mercedes-Sammler sein Archiv zeigt, ist derart mitreißend, dass ich das eigentliche Interview vernachlässige. Ich klebe wie ein „kleiner Junge" an seinen Lippen und wir vergessen beide, wie spät es ist – draußen ist es längst dunkel geworden.

Es gäbe sicherlich noch viele weitere Geschichten zu erzählen, doch es ist Zeit, nach Hause zu gehen und all das Erlebte zu verarbeiten. Eines ist sicher, es war eine einmalige Erfahrung, diese Sammlung, diesen Menschen und seine überaus freundliche Familie so intensiv kennenlernen zu dürfen. „So etwas funktioniert auch nur mit der Rückendeckung der Familie", erklärt er mir, er würde das „alles sofort sein lassen, wenn dies nicht mehr so wäre". Übrigens, bei diesem „Wohnzimmer" wäre ich selbst gerne ein Vierräder. Hier könnte ich es eine Weile aushalten!

Der Perfektionist

Der Bauherr

„Es soll einfach gemütlich sein!"

**Auf der viel befahrenen Straße ist sie fast nicht zu erkennen, die kleine Abzweigung, welche ich nehmen soll und die zu meiner Überraschung in ein wunderschönes Tal führt. Am Ende dieses ländlich anmutenden Weges, so wurde mir gesagt, sei ich am Ziel. Mehrere sehr aufwendig und liebevoll restaurierte Landhäuser lassen bereits erahnen, was mich hier erwartet.
Der Hausherr begrüßt mich freundlich und schlägt sogleich vor, mich herumzuführen, damit ich mir einen ersten Überblick verschaffen kann.**

Bereits im Alter von 21 Jahren hatte mein Gastgeber „ein Faible für alles Alte" und kaufte sich eine renovierungsbedürftige Villa, die er „wieder schick machte", erfahre ich gleich zu Anfang. Dadurch erwarb er sich über viele Jahre das nötige Know-how, um alte Gebäude zu sanieren und stilecht wiederherzurichten. „Das ist ihm auch hier gelungen", denke ich, „einfach perfekt, wie anno dazumal." Die Stromversorgung der einzelnen Gebäude erfolgt überirdisch über Telegraphenmasten und Porzellanisolatoren. Die alten Holztore, das Fachwerk, die wunderschönen Lampen – alles scheint bestens erhalten oder zumindest fachmännisch restauriert worden zu sein und wirkt absolut authentisch. Es ist einfach traumhaft hier! Doch ich werde eines Besseren belehrt; es ist unglaublich, aber wahr: Das, was ich sehe, wurde erst in den vergangenen 15 Jahren aufgebaut und gestaltet, und zwar mit original historischen Bauelementen. Bevor der Besitzer dieses Großprojekt in Angriff nahm, hatte er unzählige Skizzen gezeichnet und überall alte Häuser fotografiert, um sich Anregungen zu holen. Dabei scheute der Nostalgiker nicht davor zurück, einen Fachwerk-Schuppen in der Eifel abzutragen und hier an Ort und Stelle wieder neu aufzubauen, und er erwies sich auch sonst als äußerst findig. Frei nach dem Motto: Man nehme einige Tonnen alte Steine, verschiedene antike Industrie- und Stallfenster, dazu noch zwei Dutzend historische Lampen, etliche Bakelit-Lichtschalter und -Steckdosen sowie ein paar hundert Meter originalgetreues Stromkabel – für das der Bauherr extra nach Antwerpen fuhr, weil es nur dort zu haben war –, investiere schließlich noch ein paar Jahre Arbeit und schon ist sie fertig, die neue alte „Traumgarage". Bevor nun das erste der schweren Tore geöffnet wird, erfahre ich noch, dass diese aus alten Eichendielen bestehen und alle verbauten Beschläge vom Besitzer eigenhändig gereinigt und neu lackiert wurden.

Endlich treten wir ein und kaum noch überraschend findet mein Ausflug in die „gute alte Zeit" hier eine beeindruckende Fortsetzung: Die „Garage" ist gefüllt mit sogenannten „Coachbuilded Cars", das sind Fahrzeuge, die als „Rolling Chassis" ausgeliefert und von „Carrossiers", sprich Karosseriebauern, mit unverwechselbaren Aluminiumkleidern zu Einzelstücken veredelt wurden. Direkt im Eingangsbereich steht ein Alfa Romeo 6C 2500 SS Coupé, Baujahr 1949, mit 2,5 Liter Hubraum und 105 PS. „Sämtliche Besitzer dieses Fahrzeuges sind bekannt. Es fuhr einst auf den Straßen von Palermo, dann

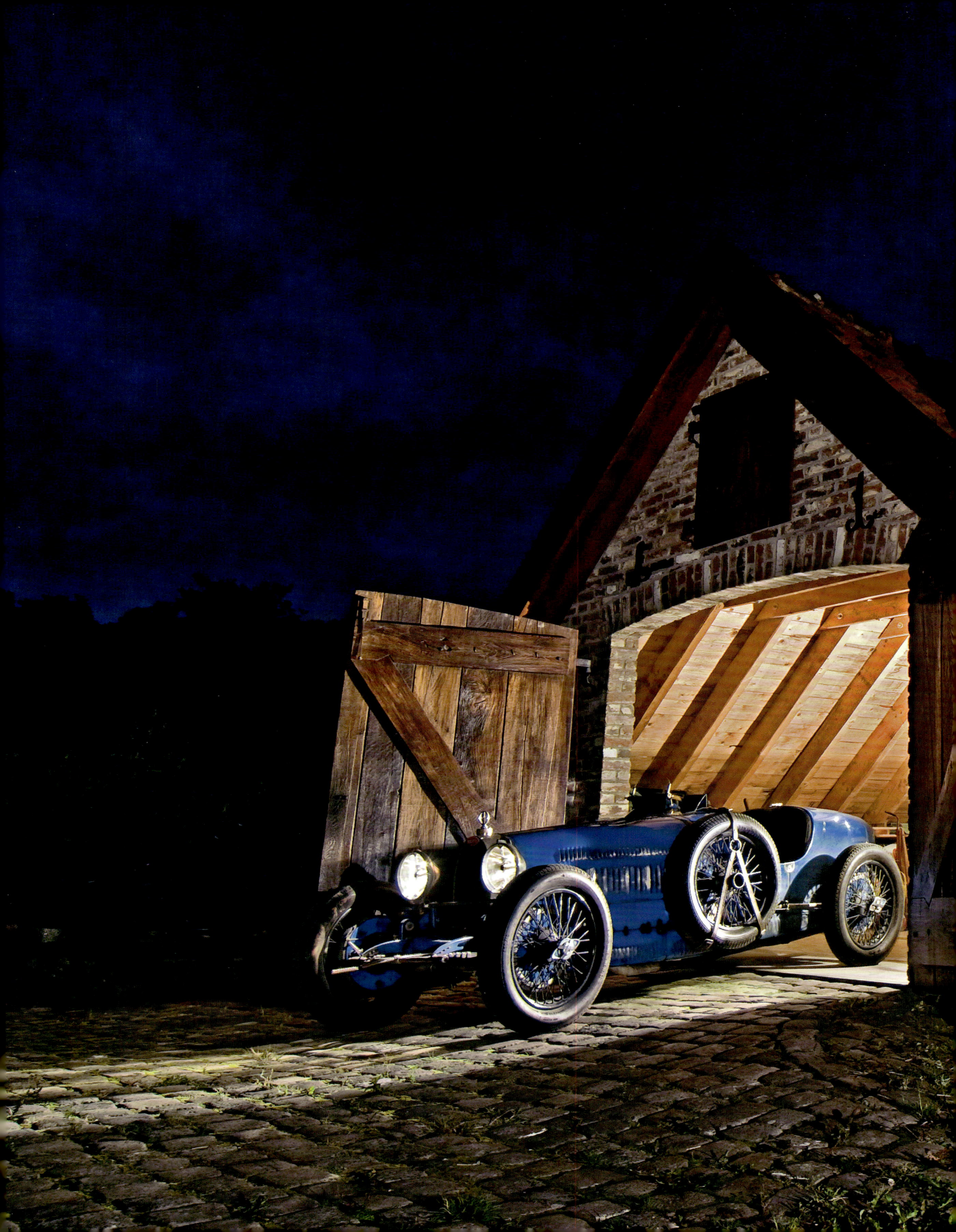

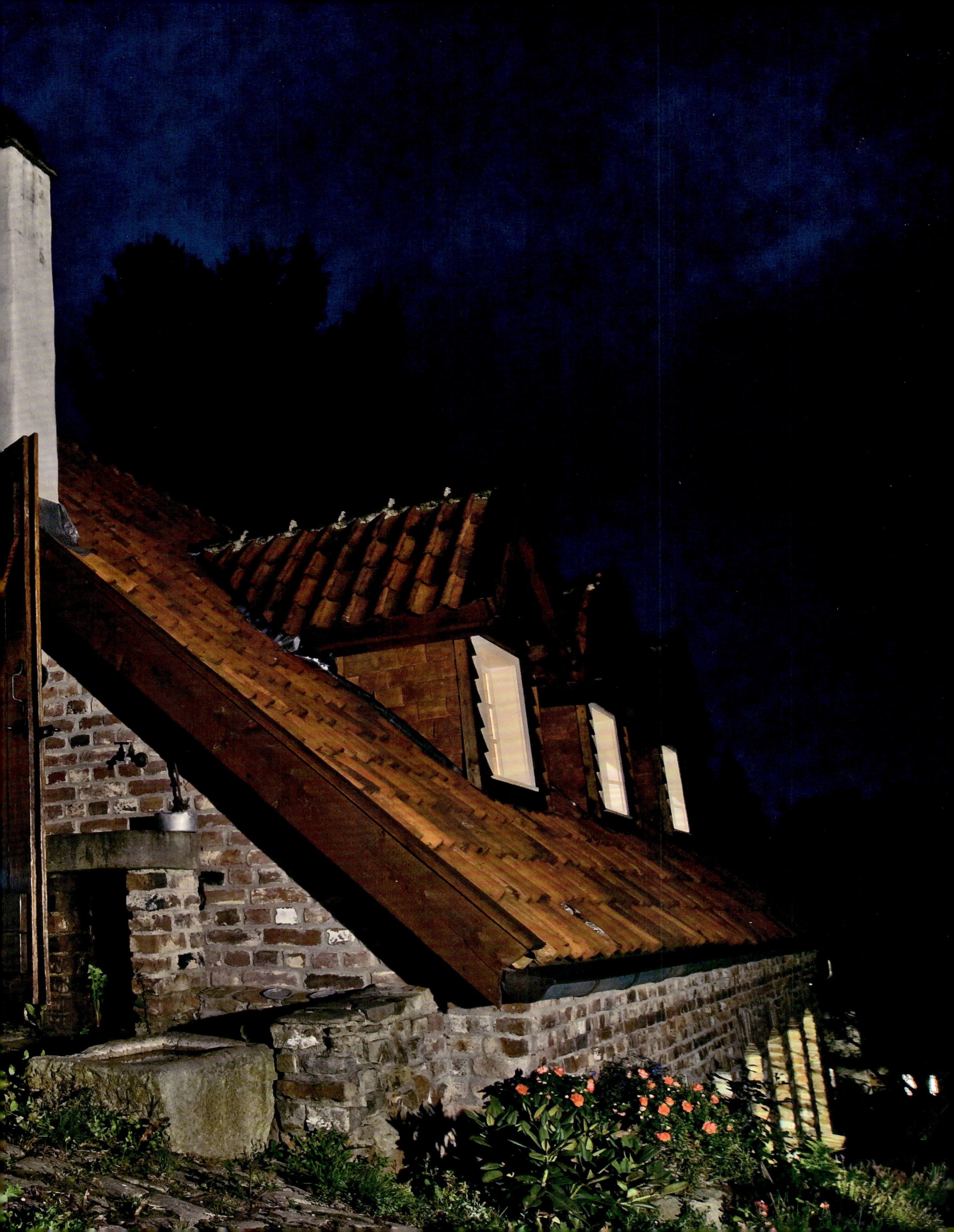

kam es nach Stockholm und schließlich nach Lüttich", erzählt mir der Sammler. In Lüttich besichtigte er Anfang der 80er Jahre exakt dieses Auto. Er fuhr den SS, was für „Super-Sport" steht, Probe und war sehr begeistert von dem Wagen, doch der Kaufpreis war ihm damals deutlich zu hoch. 25 Jahre später kam der bekennende „Alfa-Verrückte" erneut nach Lüttich. Der Wagen stand noch genau an der Stelle, wo er ihn einst geparkt hatte, und dieses Mal musste er das wunderschöne, von „Carrozzeria Touring" in Mailand eingekleidete „Superleggera"-Coupé im Erstlack einfach kaufen. Ein weiteres Schmuckstück lacht mich an: ein wunderschöner Alfa Romeo 6C 2500 Cabrio mit 2,5 Liter Hubraum und 105 PS, vom italienischen Karosserie-Schneider „Pininfarina" im Jahre 1947 hergestellt. Die Leidenschaft für Alfa Romeo trägt er übrigens seit seiner Kindheit in sich, bei dem Alfa-Händler in seiner Heimatstadt hat er sich „als kleiner Junge an der Schaufensterscheibe die Nase platt gedrückt" und „für ewig in die Marke verliebt".

Des Weiteren steht hier ein wunderschöner Rolls-Royce Silver Cloud II, Baujahr 1961, mit 6,3-Liter-V8-Motor und „ausreichend Leistung", wie es in den Original-Papieren von Rolls-Royce beschrieben ist. Dies ist ein sehr rares Original-Fahrzeug mit Schiebedach, das von der Fa. Harold Redforth aus England eingekleidet wurde und heute äußerst selten in einem solchen Zustand zu finden ist. Eine Sonderkarosserie trägt auch der Bentley Mark VI, 4¼ Liter, Baujahr 1947, der vom Hausherrn gerne für Familienausflüge benutzt wird. Ferner fällt mir ein grüner Lloyd LT 500 aus dem Jahre 1954 auf. Von diesem sehr seltenen Gefährt sind dem Lloyd-Club nur wenige Exemplare bekannt.

Idyllisch und harmonisch vereint. Hühner, Lanz Bulldog und Bugatti genießen die ländliche Stille.

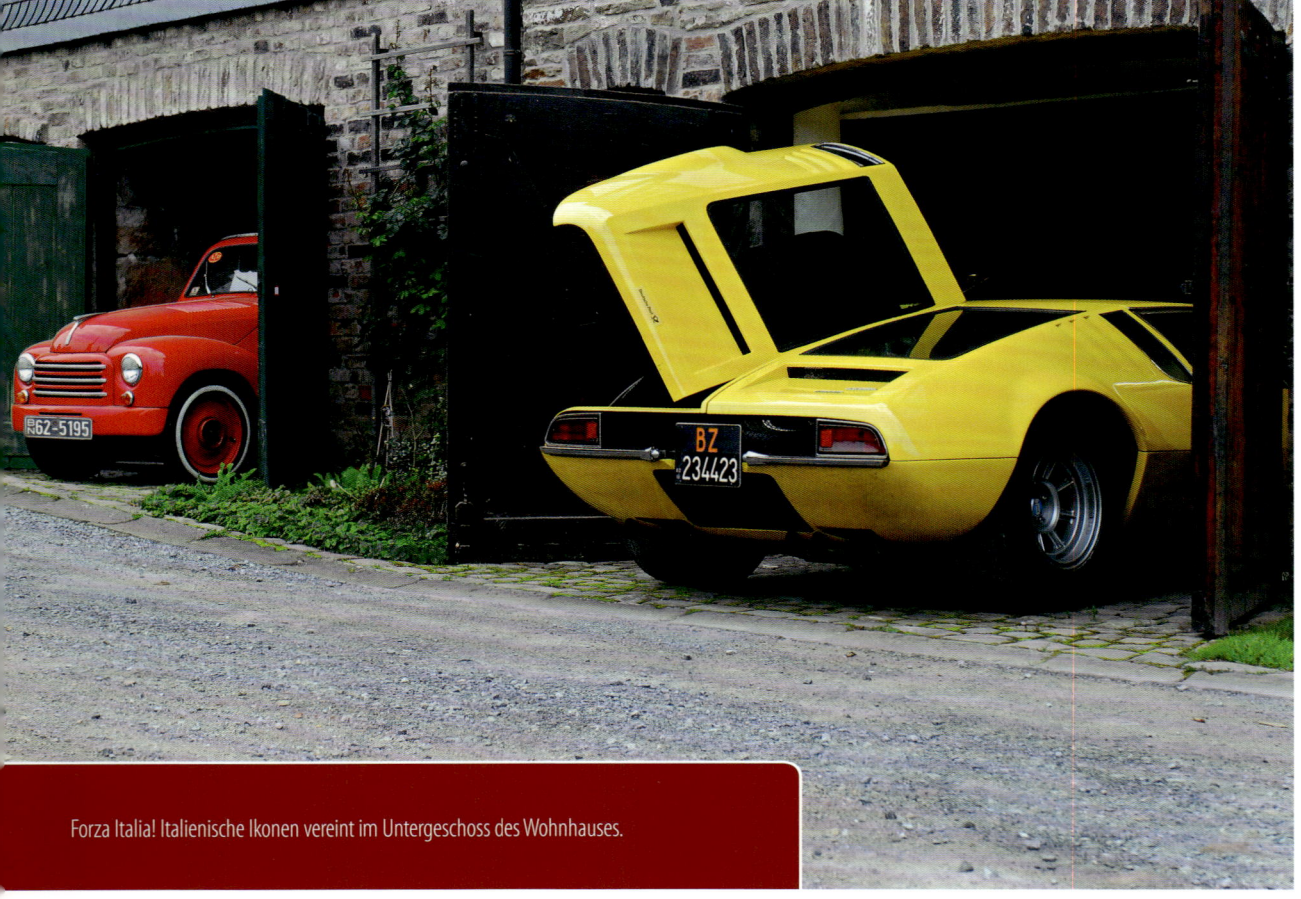

Forza Italia! Italienische Ikonen vereint im Untergeschoss des Wohnhauses.

DER BAUHERR

„ICH LEBE GERNE MIT ALTEN DINGEN. ICH MÖCHTE ES MIR EIGENTLICH
NUR GEMÜTLICH MACHEN, DAS IST MEIN ANTRIEB."

In der nächsten alten bzw. neuen Garage unterhalb des Wohnhauses sehe ich einen schönen Jaguar E V12 Roadster, Serie III von 1974. „Ein toller Zustand", denke ich mir, „sicherlich restauriert", doch auch hier täusche ich mich, dieser Jaguar hat erst 40.000 Meilen auf dem Tacho, ist völlig unrestauriert und mein Gastgeber ist der erste Besitzer. Es war der erste Neuwagen, den er je gekauft hat, und „aus heutiger Sicht war es auch zugleich mein erster Fehler". „Warum sollte das ein Fehler gewesen sein?", frage ich mich still und leise, das Auto ist ein absoluter Klassiker und in diesem Original-Zustand wohl kaum wieder zu finden. Als der Sammler mir dann die damalige Situation auf dem Hof des Händlers im Jahre 1974 schildert, wird es mir allerdings klar. Alternativ standen neben dem Jaguar-V12-Neuwagen drei weitere Autos zur Auswahl, ein Ferrari 275 GTB, ein Mercedes 300 SL und ein Ferrari Daytona Spider, und „alle kosteten damals das Gleiche, doch die drei letztgenannten waren Gebrauchtwagen". Die Entscheidung fiel auf den Neuwagen, der heute zwar wertvoll ist, aber nur ein Bruchteil der anderen Fahrzeuge kostet. „Doch so war es halt damals, ich weine der Sache nicht hinterher und freue mich über den E-Typ heute noch!"

Eine Garage weiter streckt ein knallgelber De Tomaso Mangusta, Baujahr 1969, sein Hinterteil heraus und wenige Meter weiter

Tore aus massiven alten Eichendielen öffnen den Eingang zu dieser traumhaften Garage.

lacht mich ein Fiat Topolino an, die beachtliche Sammlung von rund einem Dutzend herrlicher Automobile beeindruckt mich sehr.

Eine andere Leidenschaft des Oldtimer-Freundes sind Motorräder. Seine Sammlung umfasst motorisierte Zweiräder aus den Jahren 1931 bis 1975. Die Norton Commando, die MV Agusta und auch die Ducati Desmo hat er in den 70er Jahren „neu gekauft und sie bisher zwischen 7.000 und 10.000 Kilometer gefahren" – nicht zu fassen!

Der Hang des Hausherrn zur Nostalgie zeigt sich auch in den Kellerräumen des Hauptgebäudes. Beim Betreten dieses kleinen „Museums vergangener Zeiten" leuchtet mir eine bunte Vielfalt von „Kleinigkeiten" entgegen, die jedes Sammlerherz höherschlagen lassen. Emaille-Schilder, Blechdosen, eine Schallplattensammlung, eine umfangreiche Modelleisenbahn und viele andere Objekte, die der Rheinländer seit seiner Kindheit sammelt, sind hier ausgestellt. Dabei verläuft zwischen Keller und Wohnräumen eine strikte Trennlinie: „Meine Frau wollte im Wohnzimmer sogar einen Mittelpfosten in die Terrassentür einbauen lassen, um zu verhindern, dass Automobile durch den Garten ins Wohnzimmer gelangen", erzählt mein Gastgeber lachend. „Sie teilt zwar meine Vorliebe für Altes, aber wir haben ein klares Abkommen: keine Autos und Eisenbahn-Sachen in der Wohnung ... und das ist auch gut so!", erklärt mein Reiseführer durch das Land der schönen alten Dinge – und er scheint sich daran zu halten. Auf die Frage nach der Motivation hinter seiner Sammelleidenschaft antwortet er: „Ich lebe gern mit alten Dingen. Ich möchte es mir eigentlich nur gemütlich machen, das ist mein Antrieb." Er selbst sieht sich nicht als regelrechten Sammler. „Ich gehe gerne auf Flohmärkte, wo man ab und zu einfach etwas mitnimmt", erklärt er.

Der Tag neigt sich dem Ende und wir bereiten ein letztes Fotomotiv vor. Das Modell dafür ist der wunderschöne Bugatti 37A aus dem Jahre 1927. Der Autonarr lässt es sich dabei nicht nehmen, mir zu demonstrieren, dass der mit einem Kompressor ausgestattete 1,5-Liter-Bugatti „rennen will", wie er es nennt. „Langsam geht einfach nicht", sagt er fast entschuldigend und fährt zügig vom Haupthaus bis zur oberen Garage. Dabei springen die Hühner erschrocken zu Seite, direkt auf den Lanz Bulldog, der verträumt und fast vergessen im Hühnerhaus steht. „Man sieht euch mit den kleinen Bugattis kaum", hatte mal ein Bentley-„Blower"-Fahrer zu ihm gesagt, welcher nach einem verlorenen Zweikampf mit dem Bugatti schleudernd auf den Rasen rutschte. „Als er da so auf der Nordschleife am Nürburgring im Gras stand, hätte ich ihm gerne einmal zugewunken", sagt der stolze Bugatti-Besitzer mit einem Schmunzeln im Gesicht, „das habe ich mir dann aber doch verkniffen." Eine echte Konkurrenz zwischen all den verschiedenen Marken empfindet er jedoch nicht, ganz im Gegenteil: Ob schnell oder langsam, Coupé oder Limousine, Rennwagen oder Traktor – er selbst kauft und fährt, was ihm gefällt. Und so ist es auch nicht verwunderlich, dass seine Sammlung so abwechslungsreich und ungewöhnlich ist – ebenso wie der Eigentümer selbst.

Der Bauherr

Klaus Schildbach

„Im Ballsaal tanzen nun die Sterne!"

Sehr freundlich und offen werde ich in einem ehemaligen Arbeiterviertel Berlins von einem 73-jährigen, Zigarre rauchenden Herrn empfangen, mit dem ich zuvor lediglich telefonischen Kontakt hatte. „Vor circa 30 Jahren begann alles", fängt der Sammler Klaus Schildbach ohne Umschweife an zu erzählen, während wir durch einen schmalen Durchgang in den Hinterhof des viergeschossigen Hauses gelangen. Dort angekommen öffnet er eine unscheinbare Garagentür und ich mag meinen Augen kaum trauen.

Ich erblicke mehrere Mercedes-Modelle der Frühzeit und werde umgehend über deren Historie aufgeklärt. Da ist zunächst ein Nachbau des berühmten Benz Patent-Motorwagens von 1886, dann ein Benz Dos-à-Dos von 1897, dessen Name die Sitzposition beschreibt und „Rücken an Rücken" bedeutet. Weiter geht es mit dem Mercedes Simplex – die Bezeichnung steht für „einfache Bedienung" – von 1904, der einst im Besitz des belgischen Rennfahrer-Barons de Carters war, gefolgt von einem grauen Simplex von 1906, der ursprünglich nach Argentinien geliefert wurde. In den mächtigen Mercedes Kettenwagen aus dem Jahre 1909 wurde seinerzeit extra ein Grand-Prix-Motor eingebaut, da sich der damalige Käufer einen Rennmotor wünschte. Mit seinen 13 Litern Hubraum und 135 PS war er der bis dato schnellste jemals ausgelieferte Tourenwagen von Mercedes. Als Nächstes entdecke ich einen Mercedes SS („Super-Sport") von 1929. Der schwarze Wagen hat original 25.000 Kilometer Laufleistung, verfügt noch über den Erstlack und wurde einst an den Sultan von Johore ausgeliefert. Mit dem Mercedes S (für „Sport") von 1927, der die Produktions-Nummer 1 trägt, jagten einst Caracciola und von Brauchitsch über den Nürburgring. Der Höhepunkt des nicht enden wollenden Augenschmauses ist ein Mercedes SSK („Super-Sport Kurz"): Traumhaft schön erstrahlt dieser weiße „Stern" mit seinen 7,1 Litern Hubraum und seinem 310 PS starken Motor in der „Traumgarage".

„Früher hat mir mein Vater immer wieder von den legendären Avus-Rennen berichtet, die er in den 30er Jahren in Berlin besuchte", erinnert sich Schildbach. Damals waren todesmutige Rennfahrerlegenden wie Manfred von Brauchitsch und Rudolf Caracciola auf der Stadtautobahn unterwegs und „die Konkurrenz fürchtete sich schon vor dem Heulen der kompressorbetriebenen Mercedes-Fahrzeuge und machte Platz!", erzählt er begeistert. Ende der 70er Jahre war es dem inzwischen erfolgreichen Unternehmer finanziell möglich, sich auf die Suche nach genau solch einem Wagen zu machen. Einen Mercedes SSK aus den 20er Jahren fand er schließlich in England. Im dichten Straßenverkehr von London fuhr der Autonarr diesen Fahrzeug-Typ zum ersten Mal und blieb prompt damit stehen. Die Benzinversorgung hatte versagt und musste in einer Hinterhof-Werkstatt instand gesetzt werden. Er erwarb das Museumsstück trotzdem und überführte es von London ins damalige Westberlin. Wie er später erfuhr, folgte ihm der Verkäufer des Wagens heimlich mit einem Abschleppwagen, um ihn bei einer erneuten Panne rechtzeitig zur Fähre bringen zu können. Der stolze Besitzer und sein SSK erreichten jedoch ohne weitere Zwischenfälle unbeschadet die Heimat. Doch zu Hause angekommen stellte sich Klaus Schildbach sogleich die Frage: „Wohin mit solch einem großen Wagen?" Auf der Suche nach einer adäquaten Unterbringungsmöglichkeit für sein Gefährt kaufte der Oldtimer-Liebhaber gleich ein ganzes Haus – inklusive der zukünftigen „Traumgarage". Im Hinterhaus des vierstöckigen Gebäudes befand sich eine Werkstatt in einem ehemaligen Ballsaal aus dem Jahre 1870. Dieser Raum war geradezu ideal, das helle Oberlicht, der Balkon, auf dem einst die Musiker saßen, waren das perfekte Ambiente für den ersten Oldtimer. Zudem war ausreichend Platz vorhanden, um die Sammlung zu erweitern, denn der SSK-Typ von Mercedes sollte nicht lange alleine bleiben. Zunächst wurde jedoch der erste Sportwagen mit dem Tourenkotflügel von einem Profi in Süddeutschland restauriert. Sein stolzer Besitzer hat ihn bis heute circa 70.000 Kilometer ohne mechanische Probleme gefahren.

Um 1980 kam ein weiterer Stuttgarter Traumwagen hinzu und mit ihm stellte der Berliner Unternehmer gleichzeitig privat einen Kfz-Meister ein, der exklusiv seine seltenen Fahrzeuge warten, restaurieren und optimieren sollte. Gemeinsam begannen Sammler und Meister eine „zweite Lehre" und beschäftigten sich intensiv mit der komplizierten Technik der S-Modelle. Allerdings war der neue Helfer zunächst sehr skeptisch, ob denn „ein Privatmann dauerhaft sein Gehalt zahlen könne" – eine

Training 405
Avus-Rennen 1934.

EINE UNSCHEINBARE BERLINER HAUSFASSADE. DER SCHMALE
DURCHGANG FÜHRT IN DEN MERCEDES-BALLSAAL.

Sorge, die sich als unbegründet erweisen sollte: Der damalige „S-Modell-Lehrling" ist noch heute im Dienst und inzwischen ein absoluter Spezialist für Oldtimer mit dem berühmten Stern, von denen mittlerweile fast 15 Stück den Ballsaal füllen und „vielleicht nachts sogar zusammen tanzen!"

Im weiteren Gespräch klärt mich mein Gastgeber über verschiedene Sammlertypen auf: „Der eine sammelt was für die Vitrine, der andere etwas, um daran zu arbeiten, es zu fahren und dabei auch Leute kennenzulernen." Er selbst vereint übrigens beide Sammlercharaktere, denn neben seiner „fahrenden Sammlung" besitzt Schildbach eine bedeutende Kollektion von Schnupftabakdosen, welche er zusammen mit seiner Frau aus der ganzen Welt zusammengetragen und in Vitrinen ausgestellt hat und „nie wieder rausholt", wie er mit einem Augenzwinkern bemerkt.

Zu der Berliner Sammlung gehören jedoch auch Fahrzeuge ohne Stern, die von seiner Frau und ihm trotzdem sehr gerne gefahren werden. Eine besondere Bindung hat der Ingenieur zu dem Fiat Topolino, der optisch dem einstigen Auto seines Vaters gleicht. „Die dunkelgrüne Farbe, das Rolldach und die freistehenden Scheinwerfer, er sieht aus wie damals, als ich mit elf Jahren durch Potsdam fuhr", schwärmt der Auto-Liebhaber noch heute. Auch Motorräder befinden sich in dieser einzigartigen Sammlung. Dabei handelt es sich natürlich nicht um irgendwelche Zweiräder, sondern beispielsweise um zwei Maschinen der englischen Marke Brough Superior – auch bekannt als „der Rolls-Royce unter den Motorrädern". Auf der Rennmaschine SS 100 darf ich Probe sitzen und ich möchte gar nicht mehr absteigen! Danach setzen wir uns in die alten Ledersessel im Büro und ich erfahre mehr über den Menschen hinter all den kostbaren Fahrzeugen. Bereits als kleiner Junge interessierte den heutigen Sammler alles, was mit Motorsport zu tun hatte. Er lauschte aufmerksam den Geschichten seines Vaters, wenn dieser von den Rennfahrerlegenden Caracciola und von Brauchitsch erzählte. Begeistert machte er, gegen den Willen des Vaters, zunächst eine Kfz-Lehre. Danach absolvierte er noch ein Studium und stieg

AUCH BEI DER WAHL SEINER RAUCHWAREN IST DER HAUSHERR SEHR KONSEQUENT. SPUREN DAVON FINDEN SICH IN DER GESAMTEN GARAGE.

PANORAMABLICK IN DEN BALLSAAL

174 | 175

in das väterliche Unternehmen mit ein, das er dann zusammen mit seiner Frau weiter ausgebaut und stetig vergrößert hat. Obwohl er seinen Studienabschluss in der Fachrichtung Schwermaschinenbau gemacht hatte, war er später mit seiner Firma in der Opto-Elektronik und Sensorik erfolgreich – eine völlig andere Sparte! Das ständige Dazulernen, Sich-Weiterentwickeln und Optimieren scheinen seine Lebensmaxime zu sein.

Besonders aufgefallen ist mir, dass er bei längeren Erzählungen und Ausführungen niemals abschweift oder gar vom Sachverhalt abkommt. Das Ziel nie aus den Augen verlierend versteht er es, auch bei neugierigen Zwischenfragen meinerseits das Gespräch stets wieder auf das eigentliche Thema zu lenken und seine Ausführungen abzurunden.

Klaus Schildbach ist äußerst konsequent, in allem, was er tut. Sowohl beruflich als auch privat zeigt er einen Hang zum Perfektionismus. So auch bei der Nachbildung der für seine Oldtimer benötigten Ersatzteile. Wenn diese schon Replikate sein müssen, dann aber bitte schön auf höchstem Niveau: Sie sollten so exakt wie möglich nachgearbeitet werden. So ließ er beispielsweise die meist verschlissenen S-Wasserpumpen-Gehäuse von einem Gießerei-Experten nachfertigen und optimierte das Bauteil sogar dabei. Mittlerweile fahren viele der noch existenten Mercedes S-Modelle mit „seinen" reproduzierten Pumpen. Dieser Tatsache hat er es zu verdanken, dass er in der Szene anerkennend der „Wasserpumpen-Gehäuse-König" genannt wird.

COMUNE DI BRESCIA ASSESSORATO SPORT
Agip
1000 MIGLIA
8
77
56
22
MAA ASSICURAZIONI
35
77
Mille Miglia
1000 MIGLIA
Bosch

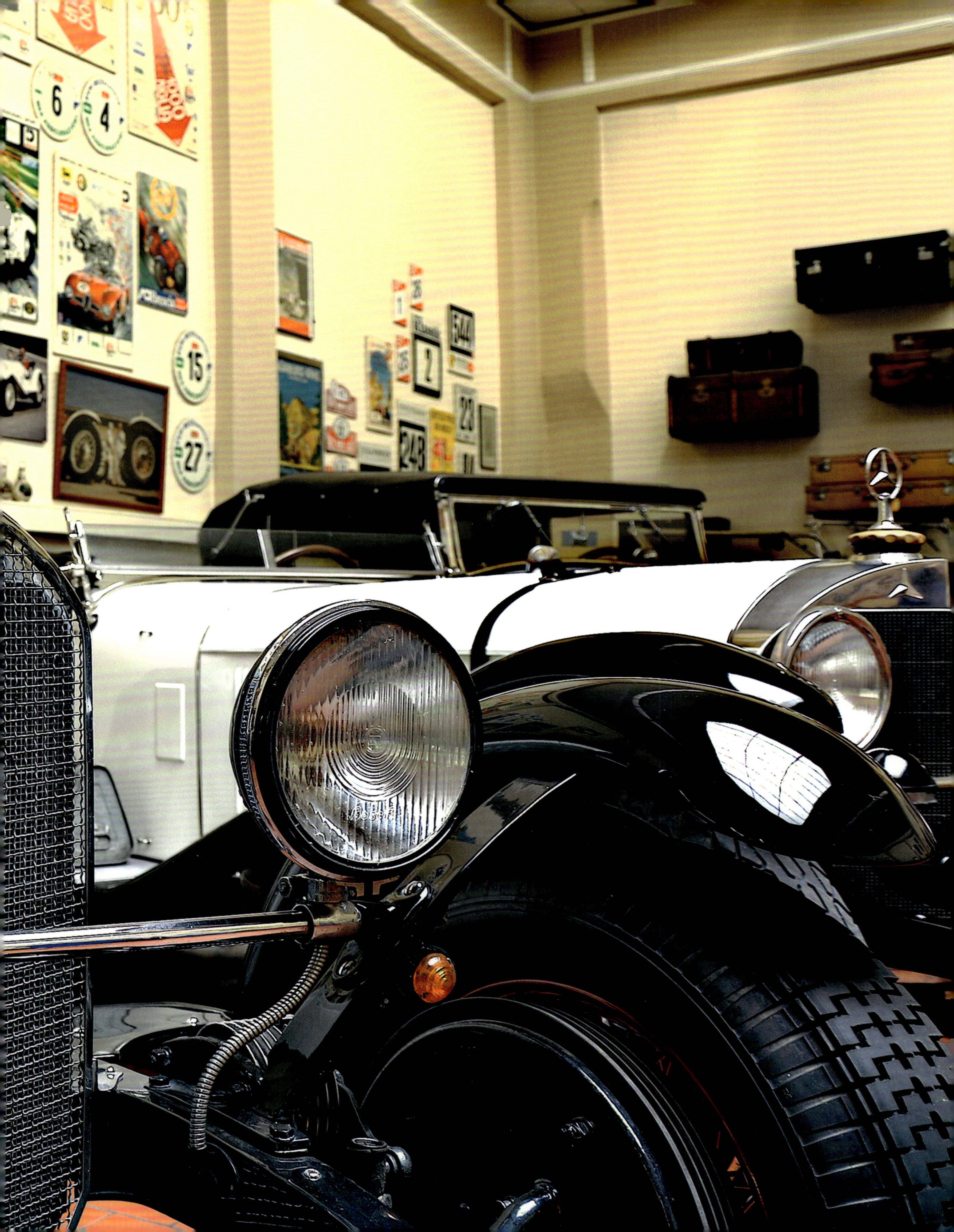
6
4
15
27
2
248

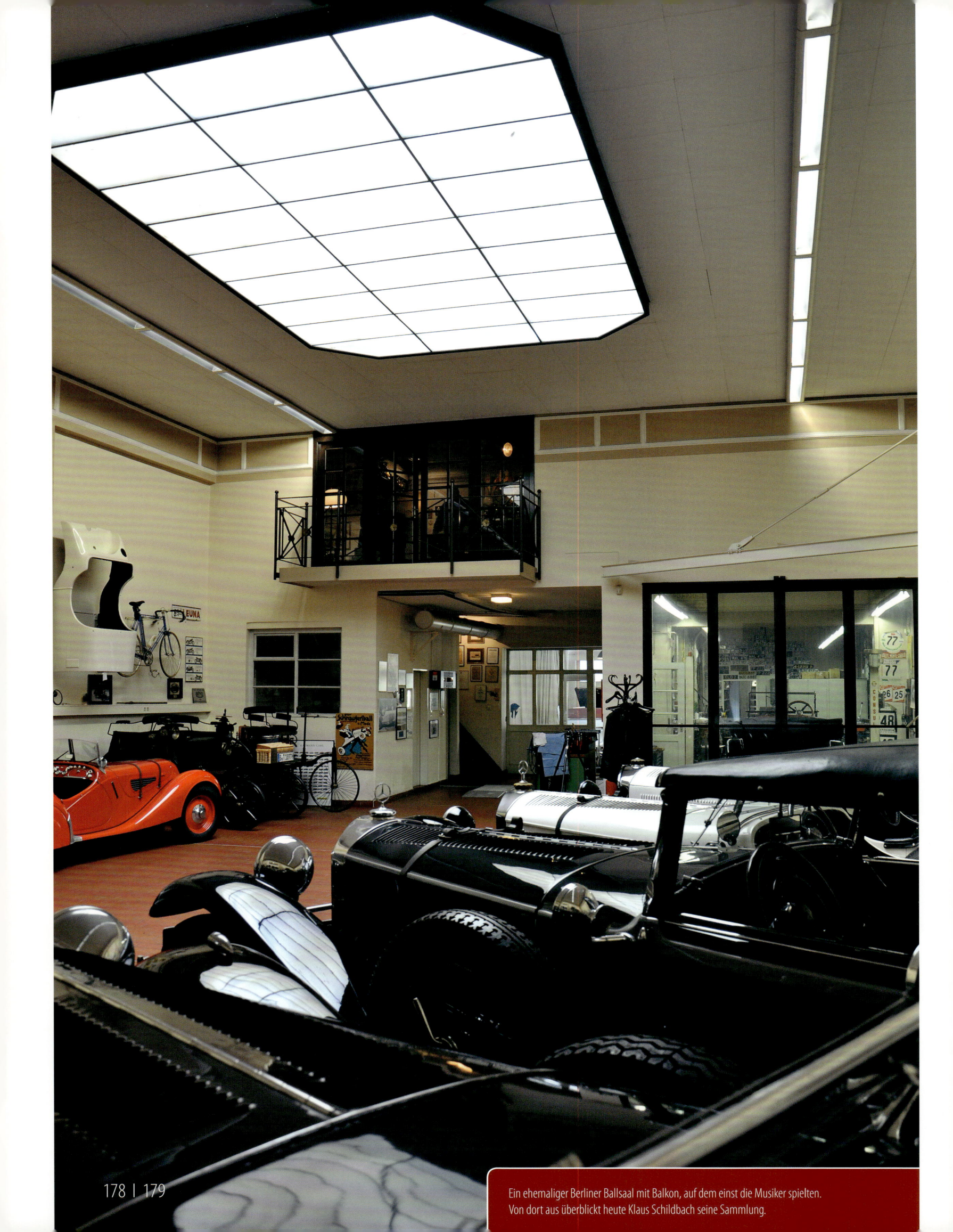

Ein ehemaliger Berliner Ballsaal mit Balkon, auf dem einst die Musiker spielten.
Von dort aus überblickt heute Klaus Schildbach seine Sammlung.

KLAUS SCHILDBACH

SEHR BEEINDRUCKT HAT MICH AUCH DAS BÜRO DES MERCEDES-SAMMLERS
UND DIE VIELFALT SEINER KLEINEN SCHÄTZE, DIE ER MIR VERTRAUENSVOLL
ZEIGTE.

Ein Geschäft wollte er daraus aber nie machen. „Nein, das wird klar getrennt." In diesen Kreisen hilft man sich gerne gegenseitig, genießt aber durchaus auch den kleinen Know-how-Vorsprung, den man den Kollegen voraushat. Der Sammler mit Leib und Seele hat ebenso ganz konkrete Vorstellungen, was aus seinen Schätzen einmal werden soll, wenn er sich nicht mehr darum kümmern kann: „Die Sammlung wird versteigert und in alle Winde zerstreut." Klaus Schildbach ist es wichtig, dass nicht alles in eine Hand kommt, denn nur so können Sammlungen seiner Meinung nach weiterleben. Oldtimer stehen nicht in unbegrenzter Stückzahl zur Verfügung und gerade die begehrtesten Modelle haben meist schon ein Heim bei einem passionierten Liebhaber gefunden. Wird nun eine Sammlung aufgelöst und die guten Stücke sind wieder frei auf dem Markt zu haben, eröffnet dies anderen Sammlern die Möglichkeit, eine bestehende Kollektion zu ergänzen oder den Grundstein für eine neue Sammlung zu legen. „So werden die Karten immer wieder neu gemischt." Die Erlöse sollen übrigens einem schon heute festgelegten gemeinnützigen Zweck dienen und wieder sehen wir, wie konsequent der Berliner seinen Weg geht und seine Träume lebt.

AUCH MOTORRÄDER BEFINDEN SICH IN DIESER EINZIGARTIGEN SAMMLUNG. BEISPIELSWEISE MASCHINEN DER MARKE BROUGH SUPERIOR – AUCH BEKANNT ALS „DER ROLLS-ROYCE UNTER DEN MOTORRÄDERN". HIER EINE SS100-RENNMASCHINE.

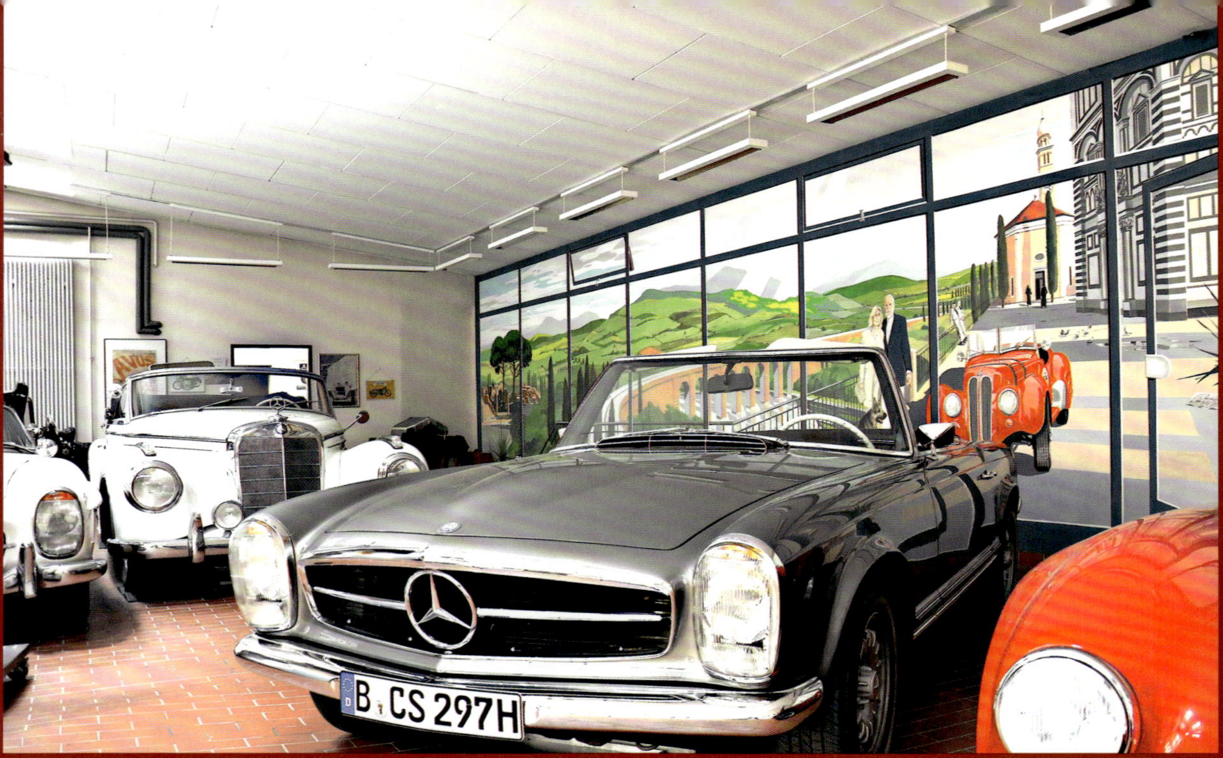
B CS 297H

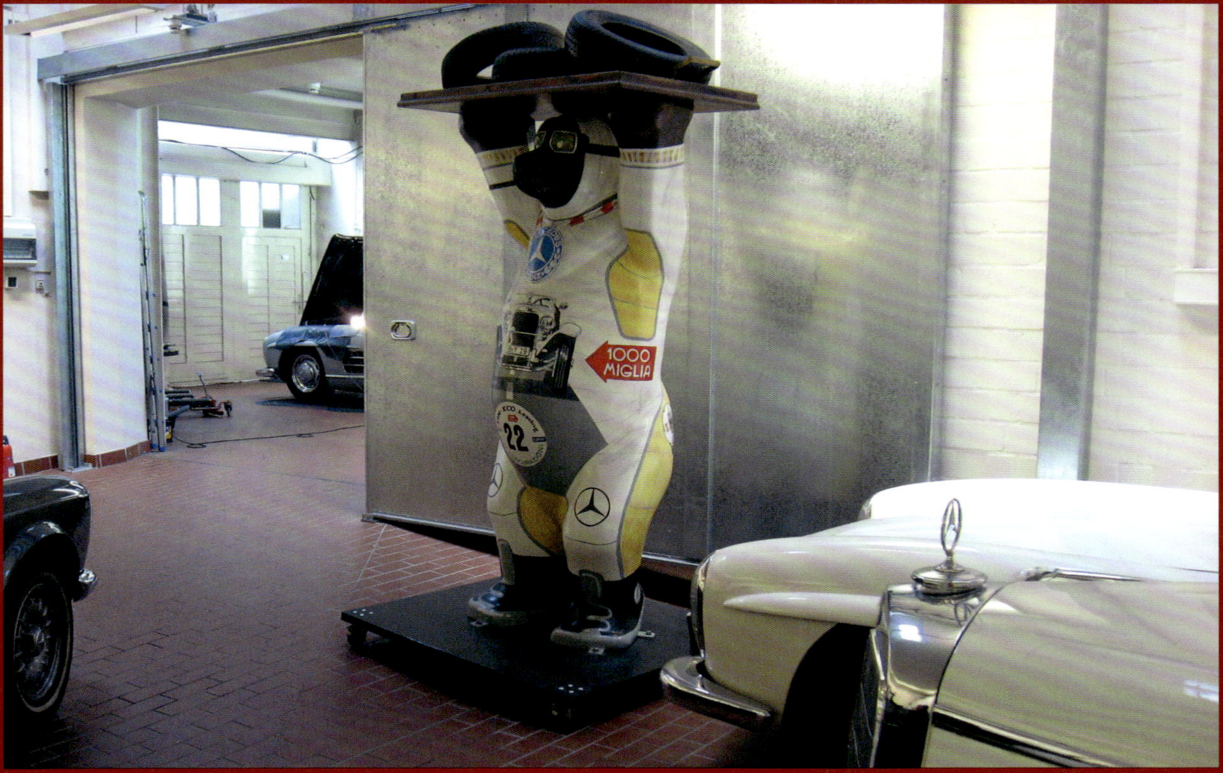
1000 MIGLIA
22

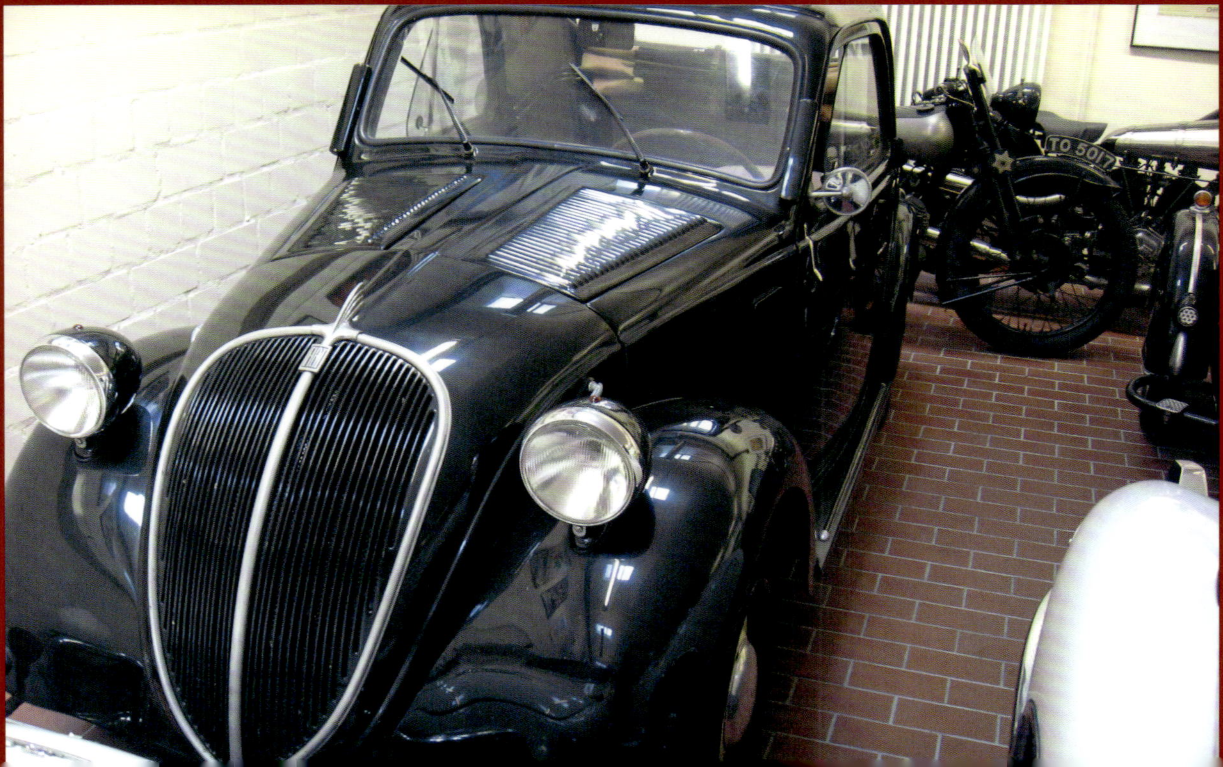

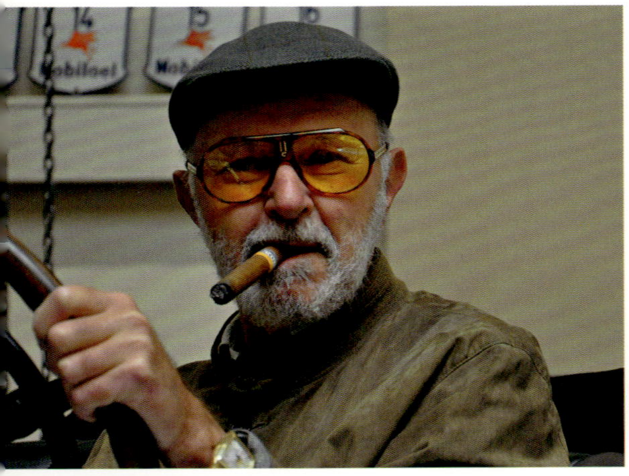
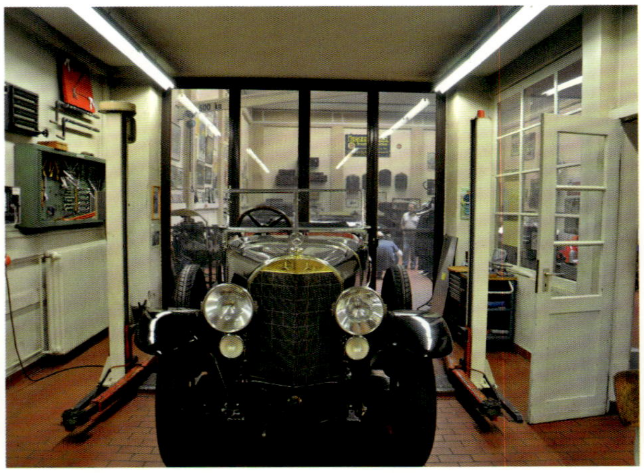
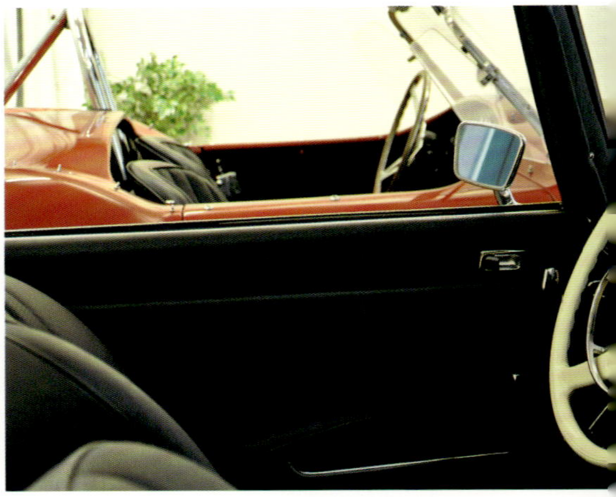
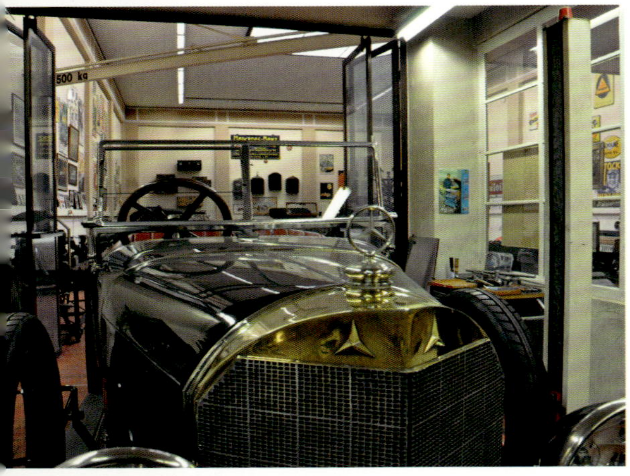
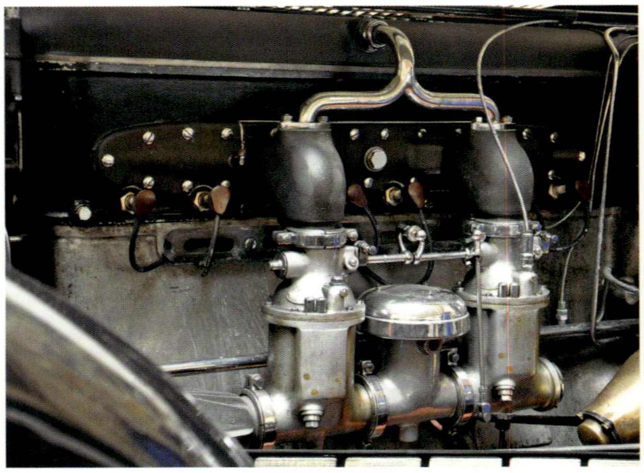
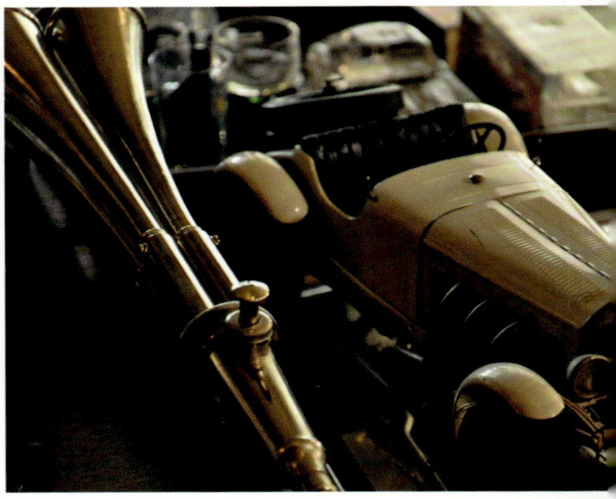
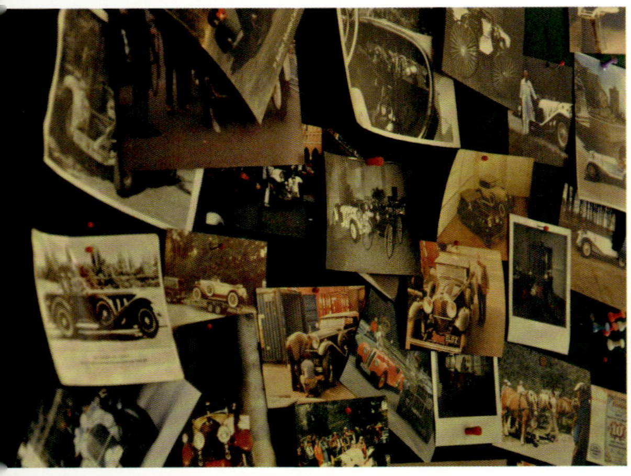
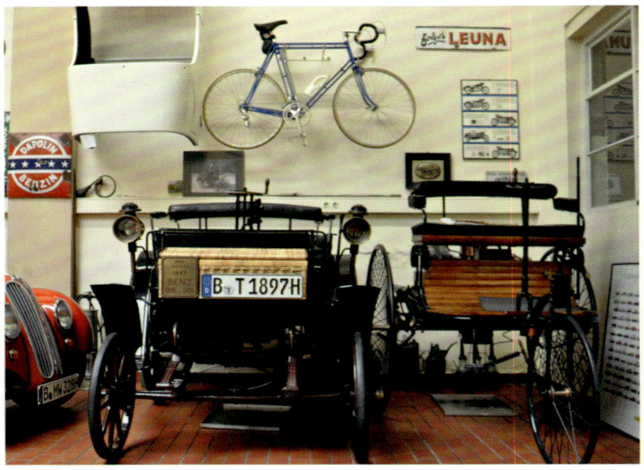
LEUNA
DAPOLIN
BENZIN
B T 1897H
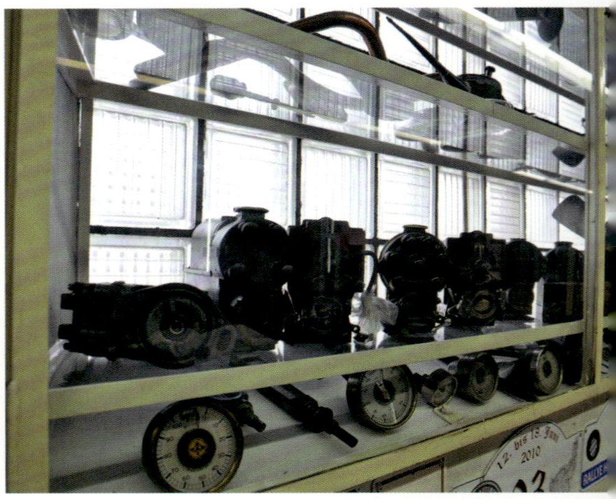
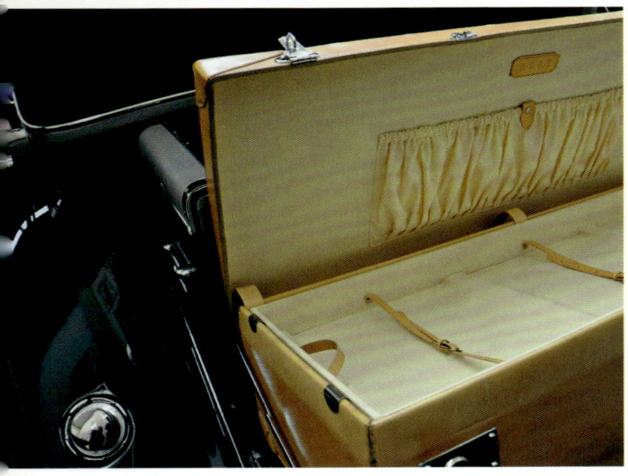
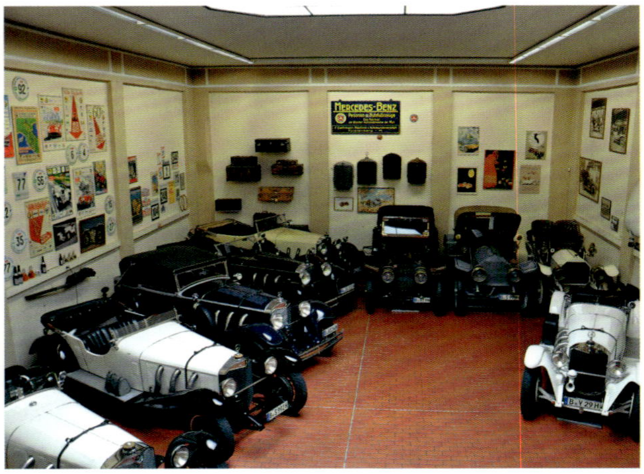
Mercedes-Benz
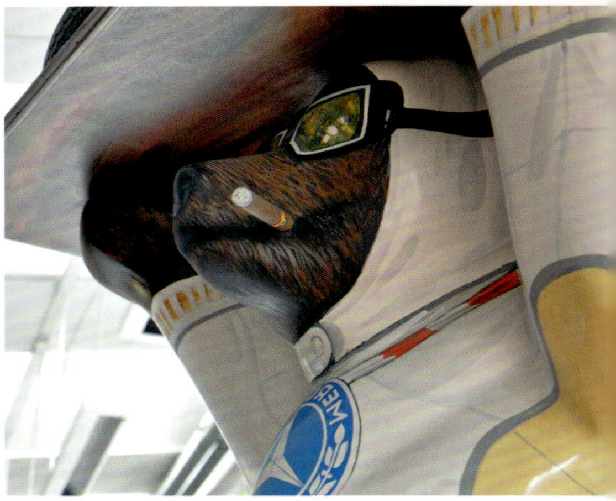

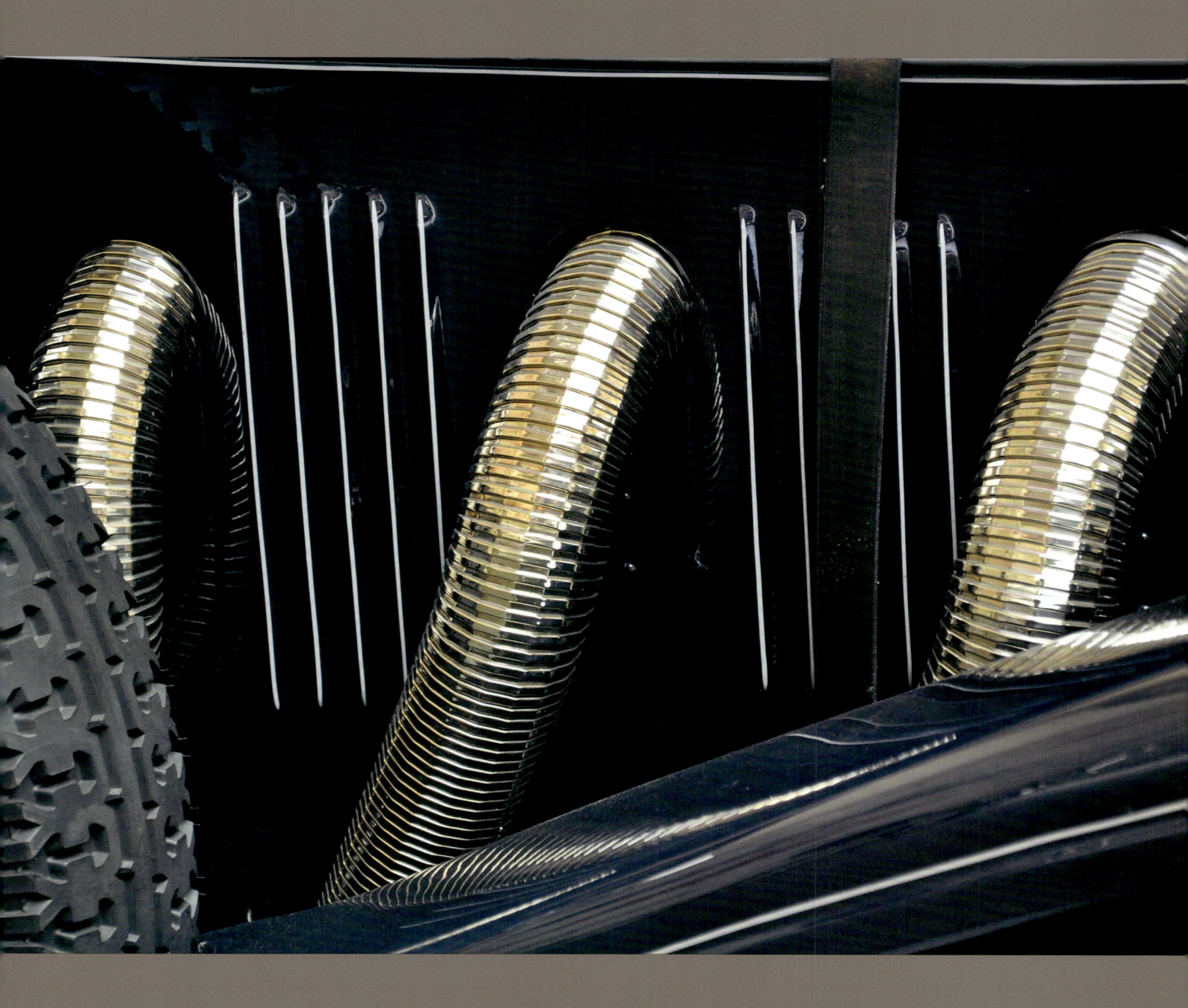

VIELE FASZINIERENDE DETAILS SIND ZU SEHEN.
DIE HANDLINIERTEN LUFTAUSLÄSSE DER MERCEDES-
MOTORHAUBE IM ERSTLACK VON 1929 BEGEISTERN
MICH BESONDERS.

Klaus Schildbach

Robert Fink

„... immer in Fahrt bleiben, immer auf dem Gas ..."

Ein Industriegebiet in München. Vor einem Bürokomplex mit seitlichen Rolltoren bleibe ich stehen. „Bin ich richtig hier?", schießt es mir durch den Kopf. „Ist das die richtige Adresse?" Ich habe den Gedanken kaum zu Ende gedacht, schon steht er vor mir, der strahlende Hausherr Robert Fink.

Er begrüßt mich sehr freundlich und bittet mich ohne Umschweife nach oben. „Wieso nach oben, ich bin doch wegen der Autos da?", denke ich. Im ersten Stock angekommen, entdecke ich im Eingangsbereich ein altes Kindertretauto, das sehr dekorativ platziert ist. Wir gehen einen schmalen Gang entlang, rechts und links Büroräume, in einem Besprechungsraum sehe ich eine Indian-Rennmaschine. Obwohl ich die rote Indian sehr gerne genauer anschauen möchte, folge ich brav dem Gastgeber und sehe durch eine leicht geöffnete Tür am Ende des Ganges eine Bentley-Front. „Ein Auto im ersten Stock?" Schon geht die Tür auf – und mein Herz auch: Das Büro des bayerischen Geschäftsmannes ist wahrlich eine „Traumgarage", das wird mir auf den ersten Blick klar. Aber selbst beim genaueren Hinsehen suche ich vergebens die Eingangstür für die Vierräder. Für einen Moment zweifle ich an mir, aber ich traue mich nicht danach zu fragen. Also bewundere ich zunächst den Bentley, einen 4,5 Litre Supercharged, Fahrgestellnummer MS 3950, der wegen seines eingebauten leistungssteigernden Roots-Kompressors auch „Blower" genannt wird. Das Kürzel MS 3950 bedeutet, dass es sich um den fünfzigsten und damit zugleich um den letzten in dieser Baureihe gefertigten Wagen handelt, die von 1929 bis 1931 produziert wurde. Sicher sind Sie nun erstaunt und vielleicht auch ein klein wenig beeindruckt von meiner Fachkenntnis. In diesem Fall muss man jedoch kein Experte sein, denn die Daten des grünen Engländers werden direkt vor dem Wagen auf den Boden projiziert, wo man sie sehr einfach ablesen kann. Der Bentley schmunzelt mich an, Robert Fink ebenso. Er kennt die Situation sicher und weiß, dass mir immer noch nicht klar ist, wie die Automobile in diese „Garage" kommen. Schelmisch bekomme ich des Rätsels Lösung von ihm präsentiert: Hinter einer unscheinbaren Balkontür sind drei Hebebühnen übereinander montiert, die für die einmalige Sammlung hier im ersten Stock sorgen.

Ich bitte den außergewöhnlichen Garagenbesitzer mir zu erzählen, woher seine Leidenschaft für diese Fahrzeuge stammt. Mit sechs Jahren hat der Autonarr bereits mit einem Bentley „Blower" im Sandkasten gespielt, und das hat er nie vergessen. Sein erstes eigenes Auto war ein von Schnitzer getunter BMW 1602, allerdings besaß der junge Mann damals noch keine Fahrerlaubnis. In der Nacht nach der Führerscheinprüfung „wickelte" er den besagten 1602 „um einen Baum", wie der heute 61-Jährige laut lachend erzählt. Dem BMW folgten viele weitere Fahrzeuge, bis er die Liebe zu Jaguar entdeckte. Nach dem ersten XK folgte schnell der zweite und in seinen „besten Zeiten" konnte er schließlich sage und schreibe 15 Jaguar-XK-Modelle sein Eigen nennen. Heute sind alle Raubkatzen verschwunden, lediglich dem XK 120 Coupé weint er noch hinterher. „Dann habe ich umdisponiert", berichtet der Jäger und Sammler. Die Marke Bentley und der Mythos Alfa begeisterten ihn fortan. Bald stand der erste Bentley „Blower" auf dem Hof und auch der zweite ließ nicht lange auf sich warten. So kam es, dass Fink gemeinsam mit seiner Tochter zwischen 1993 und 1998 mehrmals die Mille Miglia, jene geschichtsträchtige Rallye in Italien, fuhr. Das Besondere dabei ist, dass die beiden nicht zusammen fuhren, sondern jeder für sich in einem eigenen Fahrzeug. Beim ersten Rennen erklärte er seiner damals 19-jährigen Tochter, sie solle „immer in Fahrt bleiben, immer auf dem Gas und nur nicht stehen bleiben", da der Bentley bei geringen Geschwindigkeiten schwer zu fahren ist. Sie äußerte deutliche Bedenken, die er mit der Antwort ausräumte: „Wenn die Leute einen Blower sehen, machen alle Platz!"

Inzwischen hat sich „Semmel" zu uns gesellt. Der achtjährige Magyar Vizsla ist ein ungarischer Vorsteh- bzw. Jagdhund und offensichtlich ein wichtiges, wenn nicht sogar das wichtigste Familienmitglied. Semmel beobachtet genau, was hier vor sich geht, und steckt mit wildem Schwanzwedeln

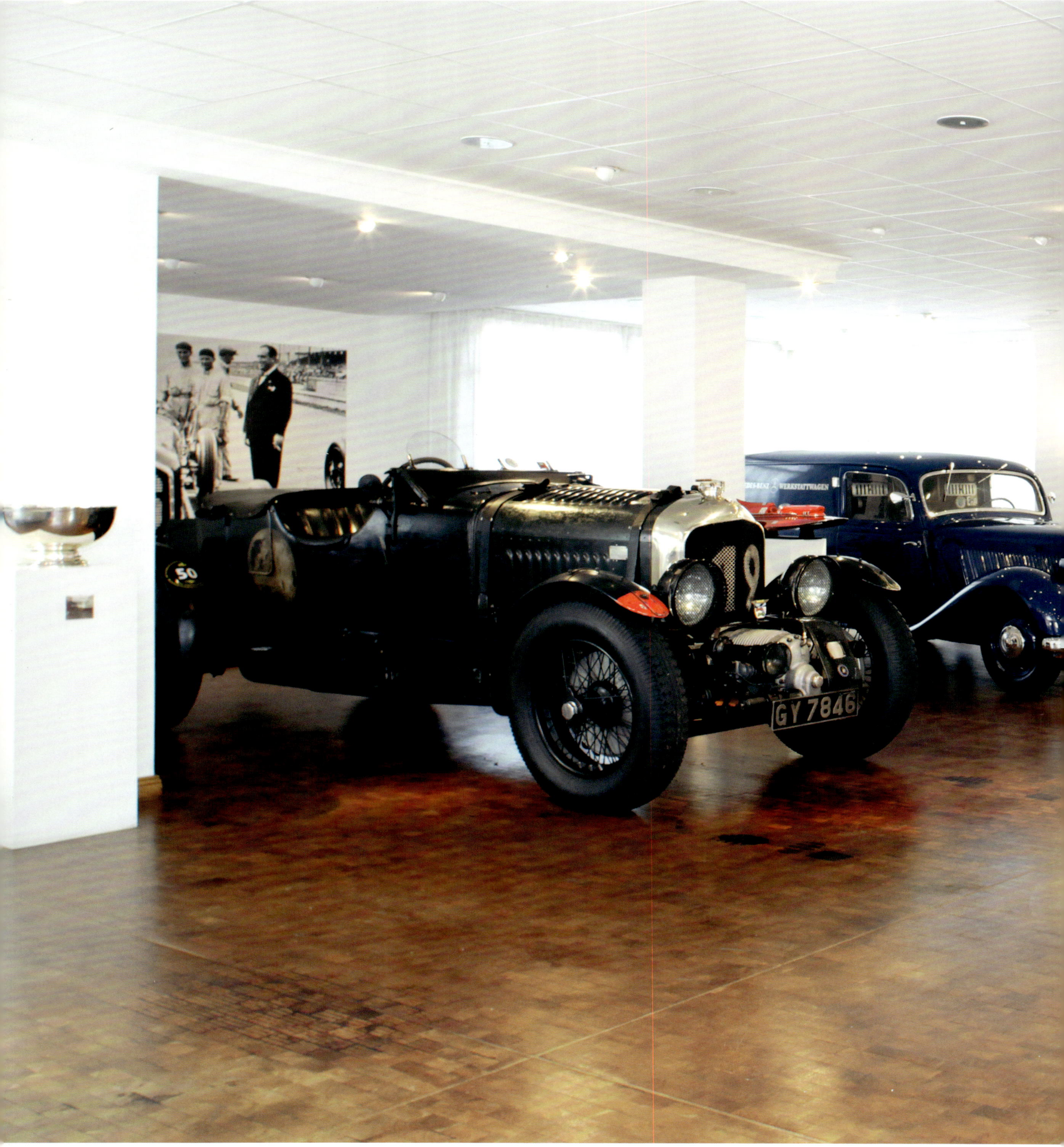
50
GY 7846

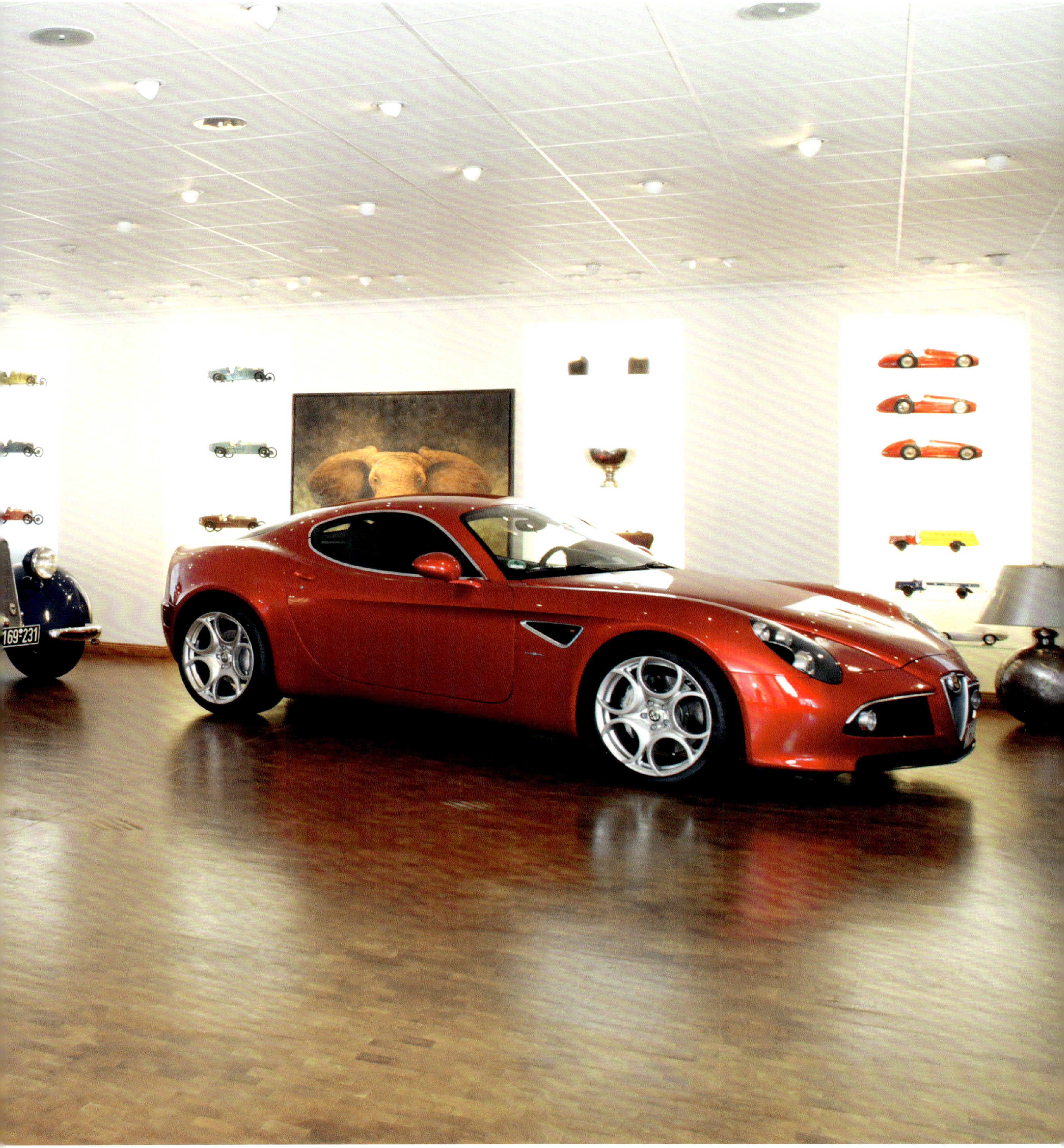

deutlich sein Territorium auf dem hellen Teppich in der Sitzecke ab. Robert Fink hat sichtlich Spaß dabei und Semmel auch, er kokettiert sogar mit der Kamera. Dabei fällt mir ein weiterer Schriftzug am Boden auf: „Alfa Romeo P3, 1. Platz Großer Preis von Deutschland 1932, Rudolph Caracciola". Bis vor kurzem stand er noch hier, der legendäre Rennwagen, mit dem der rennsportbegeisterte Hausherr viele Jahre auf allen großen Oldtimer-Veranstaltungen in der ganzen Welt unterwegs war. „Doch irgendwann ist mal Schluss", erzählt er mir, „man fragt sich, wenn man das zehnte Mal auf einer Veranstaltung ist, warum man das immer wieder macht." Schließlich bekam er ein Angebot, das er nicht ablehnen konnte, und der P3 mit seiner einmaligen Historie wurde verkauft. Zur Erinnerung bleiben die vielen Bilder an den Wänden in diesem einmaligen Büro, die sowohl Caracciola als auch meinen Gastgeber mit dem legendären Auto zeigen. „Alles muss im Fluss bleiben, vielleicht komme ich noch einmal zurück", sagt er grinsend. „Und wer weiß, mit welchem Fahrzeug", ergänze ich still für mich, denn so, wie ich diesen „positiv verrückten" Sammler kennengelernt habe, traue ich ihm alles zu.

Sein eigentlicher Traum ist allerdings, im Schlafanzug in seine Garage gehen zu können. Leider ist sein Wohnhaus ein paar Kilometer von der „Büro-Garage" entfernt. Seine Frau, die mich im Büro kurz begrüßt, möchte Garage und Wohnen lieber trennen. Sie sagt: „Er kann ruhig abends im Schlafanzug mit dem Auto in seine Garage – sprich hierher – fahren." Ihr ist es ganz egal, was die Leute denken, denn „die sagen eh schon,

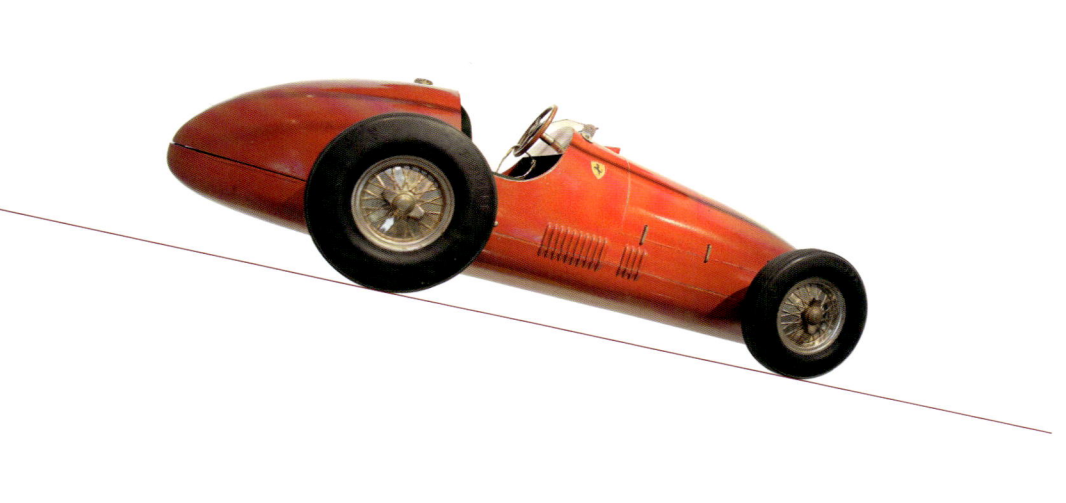

DER RIESIGE HOLZ-PROPELLER WURDE VON DEM SAMMLER
ALS HANDGEPÄCK IM FLIEGER AUS ENGLAND TRANSPORTIERT.

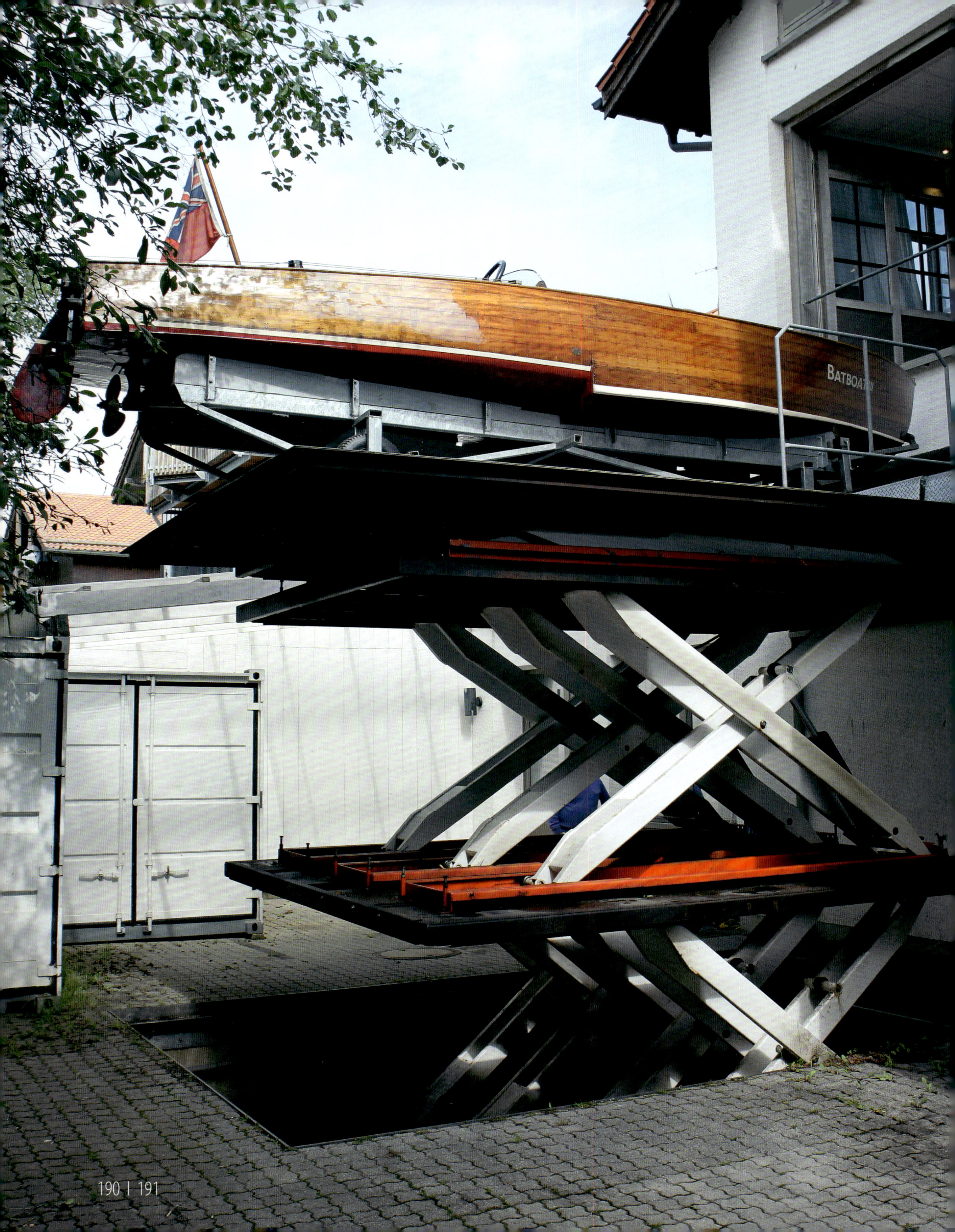
BATBOAT III

er sei ein Spinner!" Bis das Traumhaus mit der entsprechenden Garage gefunden ist, genießt er noch den Ausblick von seinem Schreibtisch. Links steht ein Porsche, den Robert Fink nur wegen des Hardtops gekauft hat. „Es war mir völlig wurscht, was darunter ist, das Hardtop hat es mir angetan", schwärmt der Liebhaber schneller Wagen. Ganz nebenbei erwähnt, handelt es sich bei dem Porsche jedoch um einen äußerst seltenen 356 Speedster der Pre-A-Serie, einen von 200 zum Großteil handgefertigten Ur-Speedstern mit 1.500 ccm Hubraum. Direkt vor seinem Schreibtisch steht ein weiterer Bewohner der „Traumgarage": ein Alfa Romeo 8C Competizione. Alfa hat 2007 den Mythos des 8C mit der langjährigen Renntradition wiederbelebt. Das Auto ist höchst aufwendig verarbeitet, hat 4,7 Liter Hubraum, rund 450 PS und „einen unverwechselbaren Klang, den musste ich einfach haben!", erklärt mir der Mann, der vor zwei Jahren, im Alter von 59, eine weitere Leidenschaft entdeckt hat: Indian-Motorräder. Um ein solches 2-zylindriges Krad aus Amerika fahren zu können, braucht man allerdings einen Motorrad-Führerschein, den er dann mit fast 60 Jahren bestanden hat. Bei den Erzählungen des urwitzigen Bayern über seine Fahr- und Theoriestunden muss ich mir mehrfach Lachtränen aus den Augen wischen. Inzwischen zieren vier Indians sein Büro: zwei seltene Boardtrack-Maschinen aus der Zeit um 1916 und eine Indian Scout aus den 20er Jahren, welche nie restauriert wurde und eine unvergleichliche Patina besitzt. Als Letztes sei noch ein ganz besonderes Schmuckstück erwähnt: ein Indian-Gespann mit einem Seitenwagen der Swallow Sidecar Company, der Firma,

Nicht nur „Semmel" ist erstaunt über das Entree und die beeindruckende Sammlung seines Herrchens im ersten Stock.

BY
3882

BENTLEY
Blower
Last Supercharged Car
MS 3950
Raced by the Bradley Brothers
GY 7846

ROBERT FINK

EIN WUNDERSCHÖNER
GAS-SCHEINWERFER,
MIT DEM EINST DIE
RENNSTRECKE IN
BROOKLANDS AUSGE-
LEUCHTET WURDE.

... und wann kommt Traumgaragen 2.0?

aus der später die Marke Jaguar entstand. Dieses Fahrzeug wurde einst bei der Tourist Trophy auf der Isle of Man eingesetzt; das älteste Motorradrennen der Welt hat schon viele Jahrzehnte Kultcharakter. Ein weiterer Traum des Münchners wäre eine Motorrad-Steilwand wie auf dem Oktoberfest: „Da könnte ich meine Indian-Maschinen bewegen." Seit einiger Zeit verhandelt er ernsthaft mit dem Besitzer einer „Wall of Death", welche 1928 erbaut wurde. Seine Frau schimpfe immer: „Komm mir ja nicht mit dem Karussell heim!", gesteht mein Gastgeber – aber wer hat schon eine solch schöne hölzerne Steilwand? „Meine Frau könnte vielleicht an der Kasse sitzen", fügt er schmunzelnd hinzu.

Direkt an der Einfahrt zu dem „Garagen-Büro" steht ein Mercedes 170 V Werkstattwagen. „Das ist der letzte Wagen, den ich irgendwann einmal hergebe. Vieles kann man immer wieder kaufen. Ein solcher Werkstattwagen, von dem einst nur fünf Stück gebaut wurden, der kommt so schnell nicht wieder!", erklärt mir Fink, der sich in der Szene bestens auskennt. Direkt dahinter, quasi in der Luft, thront über der Einfahrt das „Batboat III", ein wunderschönes Hydroplane-Holz-Rennboot aus dem Jahre 1914. Dieses Boot hat einen 8-zylindrigen 11,5-Liter-Flugzeug-Motor der Marke Hispano Suiza und besonders das Motorengeräusch dieses technischen Meisterwerks hat es dem stolzen Besitzer angetan: „Der Sound schlägt alles, was ich bisher gehört habe."

Auf meine abschließende Frage, wie seine Frau zu seiner Renn- und Sammelleidenschaft steht, verrät er mir, was sie in Anspielung auf die Oldtimer-Rennen in Monte Carlo und Goodwood sagt: „Wenn die Frau am Grabe kichert, war der Gatte gut versichert!" Sie scheint also seine „Spinnereien" zu mögen und seinen Humor zu teilen.

Die Alfa-Romeo-Modelle wirken wie kleine Kunstwerke. Sie waren einst Trophäen für Rennfahrer und Rekordfahrer: Rudolph Caracciola bekam beispielsweise 1932 für seinen Sieg im Alfa P3 beim Großen Preis von Deutschland den unten abgebildeten weißen Wagen. Den dunkelblauen erhielt Malcolm Campbell für eine Weltrekordfahrt.

Robert Fink

Fritz B. Busch

Der Ur-Vater der „Traumgarage"

Fritz B. Busch, den meisten als „Autopoet" bekannt, ist zugleich einer der ersten Sammler, die sich ihren ganz persönlichen Traum verwirklicht haben. Es genügte ihm allerdings nicht, all seine geliebten Fahrzeuge unter einem Dach zu vereinen, ihren Anblick zu genießen, „mit ihnen zu sprechen, sie zu riechen und zu fühlen" – er wollte seine Leidenschaft mit anderen teilen. 1973 eröffnete „FBB", wie sein berühmtes Namenskürzel lautet, seine „Traumgarage", das Automobilmuseum Fritz B. Busch in Wolfegg, das auf unnachahmliche, höchst unterhaltsame Art und Weise dazu einlädt, in Erinnerungen zu schwelgen – denn Autos erzählen Zeitgeschichte.

Obwohl seine Sammlung nun ein öffentliches Museum ist, war es mir sehr wichtig diesen Menschen und sein Werk zu porträtieren.

Es ist März, als ich im Westallgäu eintreffe, die Sonne lacht und ich freue mich sehr auf die einzigartige Sammlung. Unlängst konnte ich die ultramodernen Museen von Mercedes, Porsche und BMW bestaunen und ich habe die nachhaltigen Eindrücke, welche die teils irrealen Welten dieser himmelstürmenden Autopaläste bei mir hinterlassen haben, noch nicht vollständig verarbeitet. Hier in Wolfegg bin ich nun wieder in einem traditionellen Museum angekommen: Was ich hier finde, sind pure Emotionen. Mit der Wahl der Räumlichkeiten und der liebevollen Gestaltung des Museums ist es FBB gelungen, eine Atmosphäre zu schaffen, die Gefühle bei den Menschen weckt. Und auch mich hat er sofort eingefangen: Es ist zu dieser Jahreszeit zwar recht kalt in den 500 Jahre alten Gemäuern des Schlosses Wolfegg, denn heizen kann man diese historischen Räume nicht – das ist aber auch gar nicht nötig, beim Anblick der Sammlung wird einem unweigerlich warm ums Herz.

FBB hatte bereits ein bewegtes Leben und einige Jobs hinter sich, bevor er einer der bekanntesten Autojournalisten wurde. Als Werbeleiter tätig, schrieb er nebenbei derart originelle und humorvolle Leserbriefe an die Zeitschrift „Auto, Motor und Sport", dass der damalige Chefredakteur gar nicht anders konnte, als FBB Ende der 50er Jahre für sein Blatt zu verpflichten. Von da an spielte das Auto die Hauptrolle in seinem Leben, er testete – bald auch für die Illustrierte „Stern" – die jeweils neuesten Wagen und prägte in dieser Zeit seinen ganz eigenen, unvergleichlichen Stil, von dem er selbst in einer seiner berühmtesten Geschichten, der Story über den Jaguar E, sagt: „Verzeihen Sie mir diesen Stil, aber ich habe nur ihn!"

Schon in den 60er Jahren hatte FBB begonnen, alles zum Thema Auto zu sammeln. An den damals modernen Fahrzeugformen fand er jedoch bald keinen Gefallen mehr und so wandte er sich den „alten" Autos zu, die gerade oder schon vor Jahren und Jahrzehnten die Straßen verlassen hatten und die keiner mehr haben wollte. Die „Oldies" hatten seiner Meinung nach ein weitaus individuelleres Gesicht und waren vor allem wichtige

JEDEN MONAT
1974
GOLF
Zeitraum: 94 Tage
MOTOR
FORD
Monte Carlo 1930
AUTOMUSEUM BUSCH
JAGUAR

Motor DAS OLDTIMERM...

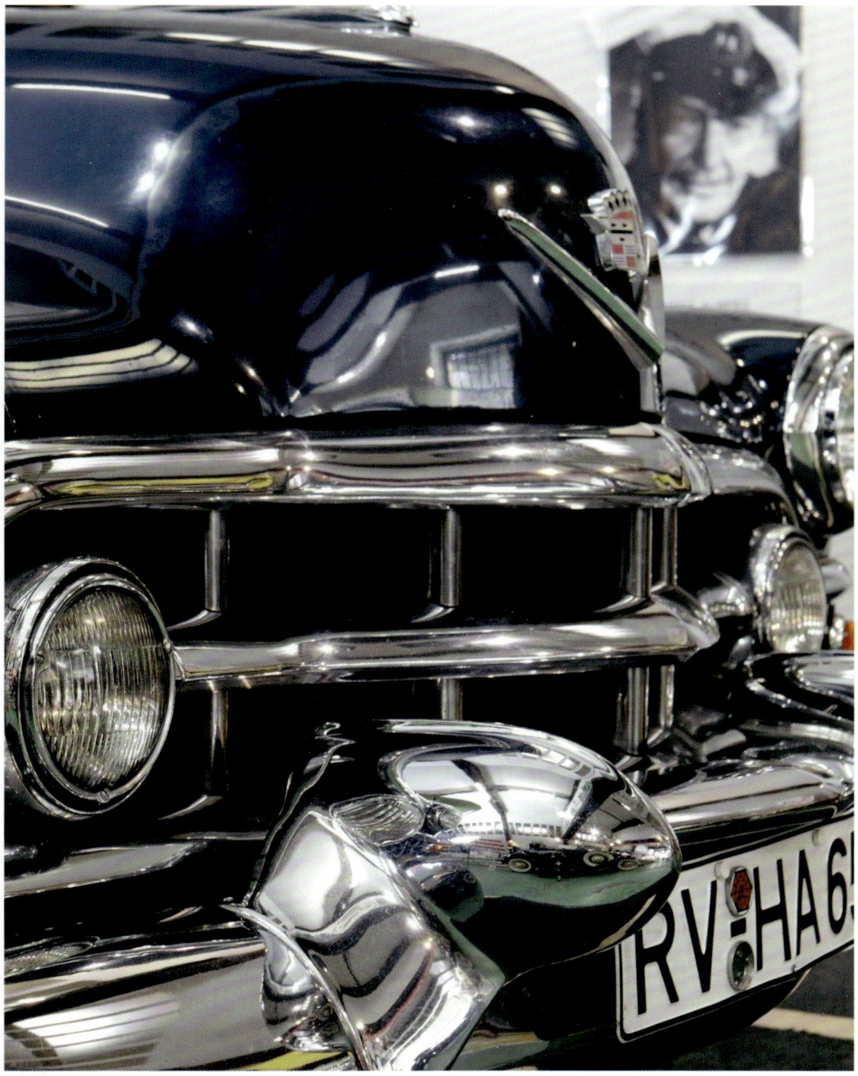
RV-HA 6

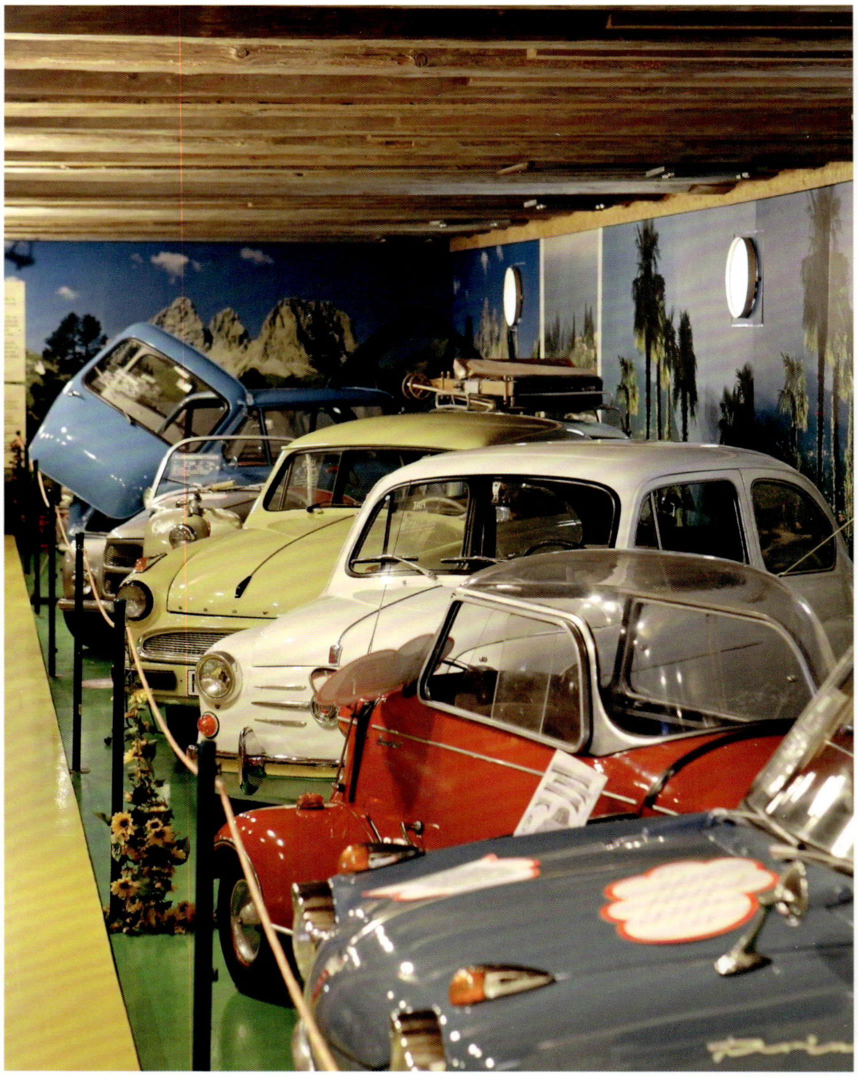

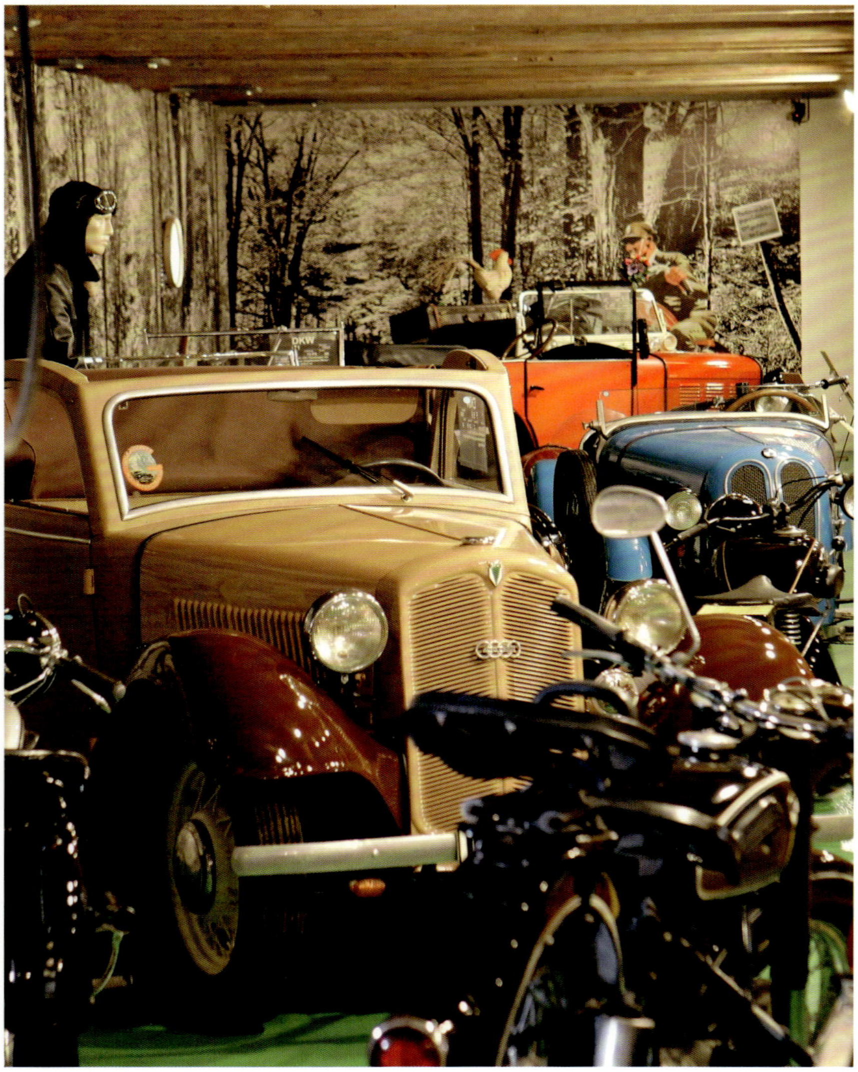

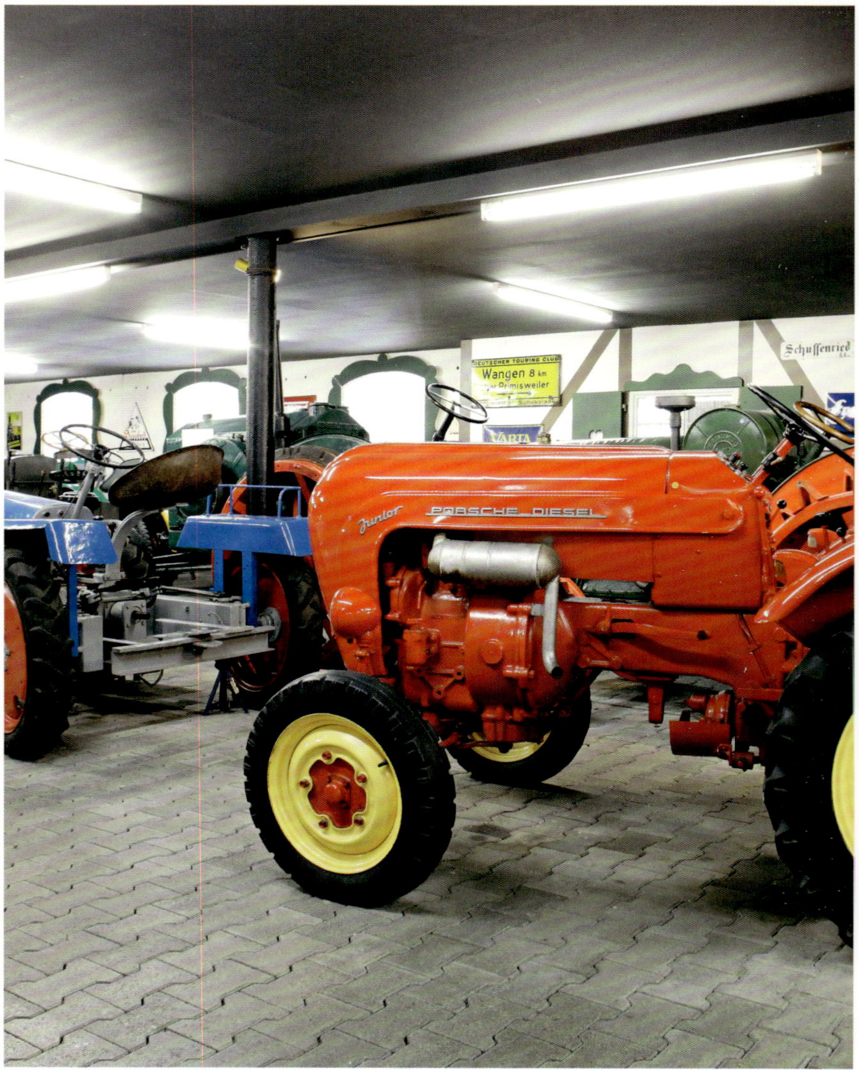
Junior
PORSCHE DIESEL
Wangen 8 km

Zeitzeugen, die für die Nachwelt erhalten werden sollten. Dabei galt seine Leidenschaft keineswegs nur den mehr oder weniger windschnittigen Straßenkreuzern, sondern auch den Alltags- und Nutzfahrzeugen vergangener Zeiten. So schaute er sich beispielsweise bei den Bauern in der Nachbarschaft um und bekniete sie so lange, bis er den einen oder anderen dazu überreden konnte, seinen betagten Traktor abzugeben. Als sich die Sammelobjekte schließlich rund ums Haus zu stapeln begannen, wurde es seiner Frau zu „bunt" – es musste etwas geschehen. Mit einem gesunden Geschäftssinn und zugleich einer gehörigen Portion Idealismus ausgestattet, ließ FBB die Schrotthändler, die ihm gute „Kilopreise" für die ausgedienten Fahrzeuge boten, abblitzen und beschloss, die Privatsammlung der Öffentlichkeit zugänglich und damit sein Hobby rentabel zu machen, um die Sammlung erhalten und weitere Fahrzeuge hinzukaufen zu können.

Anfang der 70er Jahre besaß FBB „zwei Handvoll Fahrzeuge", heute umfasst die Sammlung mehr als 200 Automobile, Motorräder, Traktoren und Wohnwagen, die in zwei Museumsgebäuden auf vier Ebenen gezeigt werden und den Besucher auf eine ebenso informative wie vergnügliche Zeitreise ins Jahrhundert der Motorisierung mitnehmen. Der hohe Reiz dieses „Erzähl-Museums" liegt in der stimmigen Gruppierung der Sammelobjekte und der dazugehörigen Zeitdokumente, zum Beispiel in der großen Themenschau „Als das Auto reisen lernte – vom Picknick zur Italienreise".

Eine besondere Beziehung hat FBB zu dem Opel 4/20, den sein Vater einst besessen hatte und an dem sehr viele Erinnerungen an seine Kindertage hängen, in denen „alles noch überschaubar war, nicht zu vergleichen mit der hektischen Zeit, in der wir heute leben". Mit „Moritz", wie sie das Gefährt nannten, war die ganze Familie Busch einmal bis nach Wien gefahren und schon mit sieben Jahren lag der kleine Fritz gemeinsam mit seinem Vater unter dem 4/20er und „atmete den Geruch von Benzin, Öl und Leder" der ihm nie mehr aus der Nase gehen sollte.

Nach dem Krieg war der Drang nach einem eigenen Fahrzeug größer denn je und FBB suchte lange, bis er das Auto seiner Kindheit gefunden hatte, den Opel 4/20. Er erwarb ihn nach den damaligen Bedingungen im Tausch gegen familiäre Wertgegenstände, zu denen auch ein Ledermantel gehörte. Seine Frau Liane sah von da an klaglos noch bei vielen solcher Tauschgeschäfte zu.

Sein „Traumwagen" ist ein Mercedes 500 K aus den 30er Jahren. Dies hat FBB unlängst seiner Tochter Anka anvertraut. „Er wolle ihn nicht haben, seine Form sei aber unschlagbar!", zitiert Anka Busch, die mich durch die Sammlung führt, ihren Vater und berichtet von dessen Begeisterung für das elegante Design, die fließenden Übergänge der Luxuswagen dieser Zeit. Eine Begeisterung, die sie unüberhörbar teilt. Von seinen Reisen durch die Welt, auf denen er viel Zuspruch und Anerkennung für sein Museum erfuhr, brachte FBB nicht nur zahlreiche Sammelstücke, sondern

SAMMELN UND ANREGEN ZUM SAMMELN. ERLEBEN UND DARÜBER BERICHTEN. DAS WAR DAS BESONDERE TALENT VON FRITZ B. BUSCH, DER LEIDER KURZ VOR DER FERTIGSTELLUNG DIESES BUCHES VERSTORBEN IST. SEINE TOCHTER ANKA BUSCH FÜHRT DAS MUSEUM SEIT 2007 MIT GLEICHER LEIDENSCHAFT UND HUMOR WEITER.

auch viele spannende Geschichten mit nach Hause, an die sich die Tochter gerne erinnert. Von Kindesbeinen an war sie fasziniert vom Leben ihres Vaters, er war einfach „anders als die anderen Väter", und das gefiel ihr. Anka Busch hat das Museum 2007 übernommen und führt seitdem nicht nur die Geschäfte, sondern „lebt", wie es mir scheint, mit voller Hingabe das Werk ihres Vaters weiter.

Für mich ist Fritz B. Busch so etwas wie der Ur-Vater der „Traumgarage", denn seinerzeit gab es nur ein paar wenige „Enthusiasten", die dieses Hobby in ähnlicher Intensität betrieben, und Busch war es, der leidenschaftlich darüber schrieb und damit andere anstecken konnte, er war es, der die Passion, alte Autos zu sammeln und sie in dieser Art zu präsentieren, mit seinem Museum „salonfähig" machte. Seinem Beispiel sind viele gefolgt, jeder hat für seine automobile Sammelleidenschaft eine individuelle Form gefunden und lebt seinen Traum auf die ihm eigene Weise. Und sicher wäre auch dieses Buch, das die facettenreiche Landschaft der so entstandenen „Traumgaragen" möglichst umfassend dokumentieren möchte, ohne den inzwischen verstorbenen Pionier und Grandseigneur der Oldtimer-Szene Fritz B. Busch nicht denkbar gewesen.

Herzlichen Dank, Herr Busch!

Fritz B. Busch

Es würde uns freuen, wenn Ihnen das Lesen und Blättern genauso viel Spaß gemacht hat wie uns die Realisierung des „Traumgaragen"-Buches.

Paul, Marcus, Fritz und Andreas

ISBN 978-3-00-032500-7

3. Auflage 2011
Copyright © by fritzclassics GbR

fritzclassics GbR
motion made in Rüsselsheim

Fritz Schmidt jr., Paul Anagnostou, Marcus Dittberner
Bahnhofsplatz 1, Gebäude D1, Opel-Altwerk
65428 Rüsselsheim
Deutschland

Sie finden uns im Internet unter
www.traumgaragen.com

Alle Rechte vorbehalten. Die vollständige oder auszugsweise Speicherung, Vervielfältigung oder Übertragung dieses Werkes, ob elektronisch, mechanisch, durch Fotokopie oder Aufzeichnung, ist ohne vorherige Genehmigung des Rechteinhabers urheberrechtlich untersagt.

Idee und Text:	Fritz Schmidt jr.
Gestaltung:	Marcus Dittberner
Koordination und Textbearbeitung:	Paul Anagnostou
Produktion und Bildbearbeitung:	Performers GmbH, Andreas Petry
Fotos:	Joachim Storch
	Dirk Patschkowski
	Marcus Dittberner
	Heiko Seekamp
	Michael Kuck
	Fritz Schmidt jr.
Druck:	ColorDruck, Leimen
Unterstützt von:	OCC Assekuranzkontor GmbH

Printed in Germany

klimaneutral
natureOffice.com | DE-134-182574
gedruckt

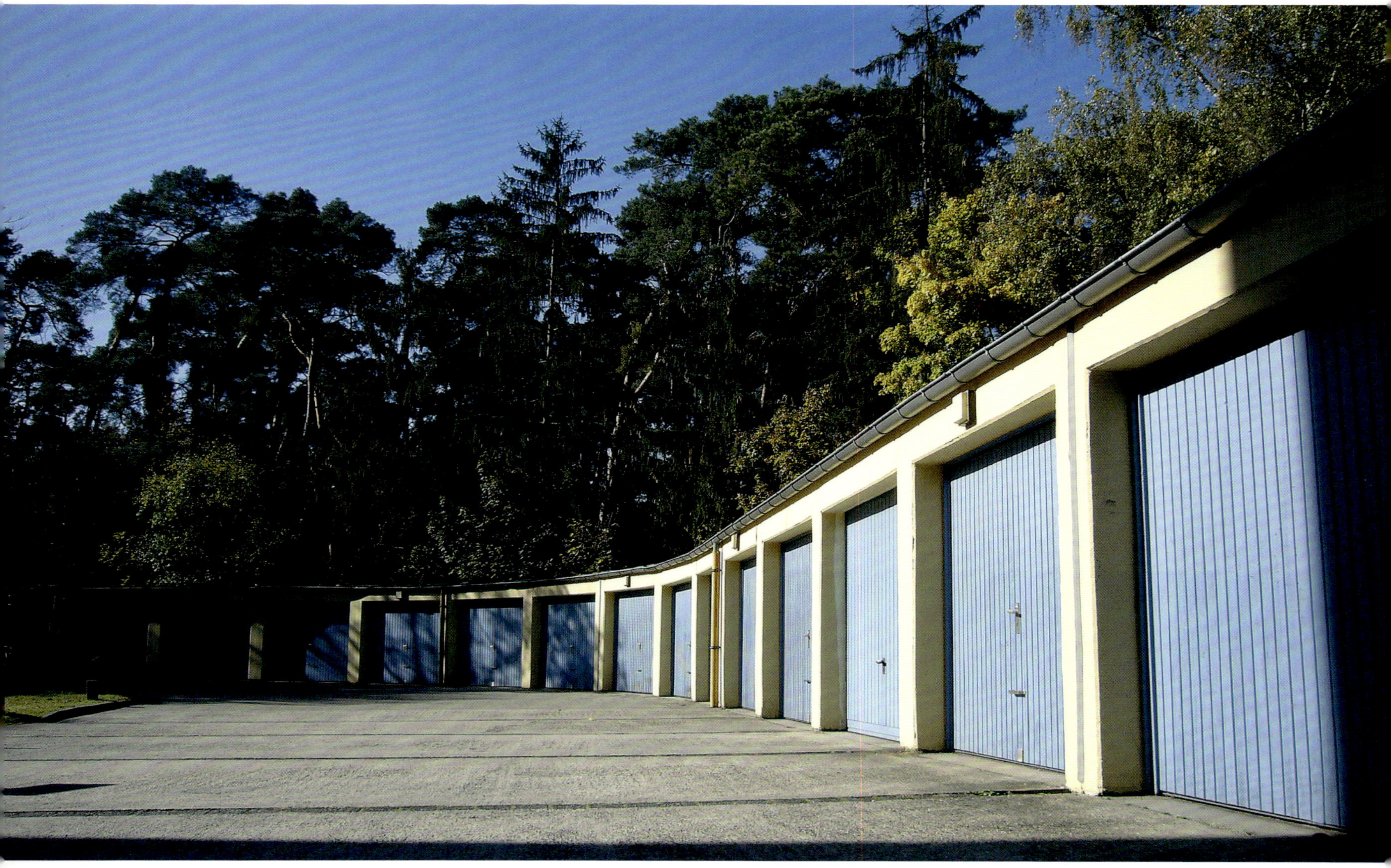

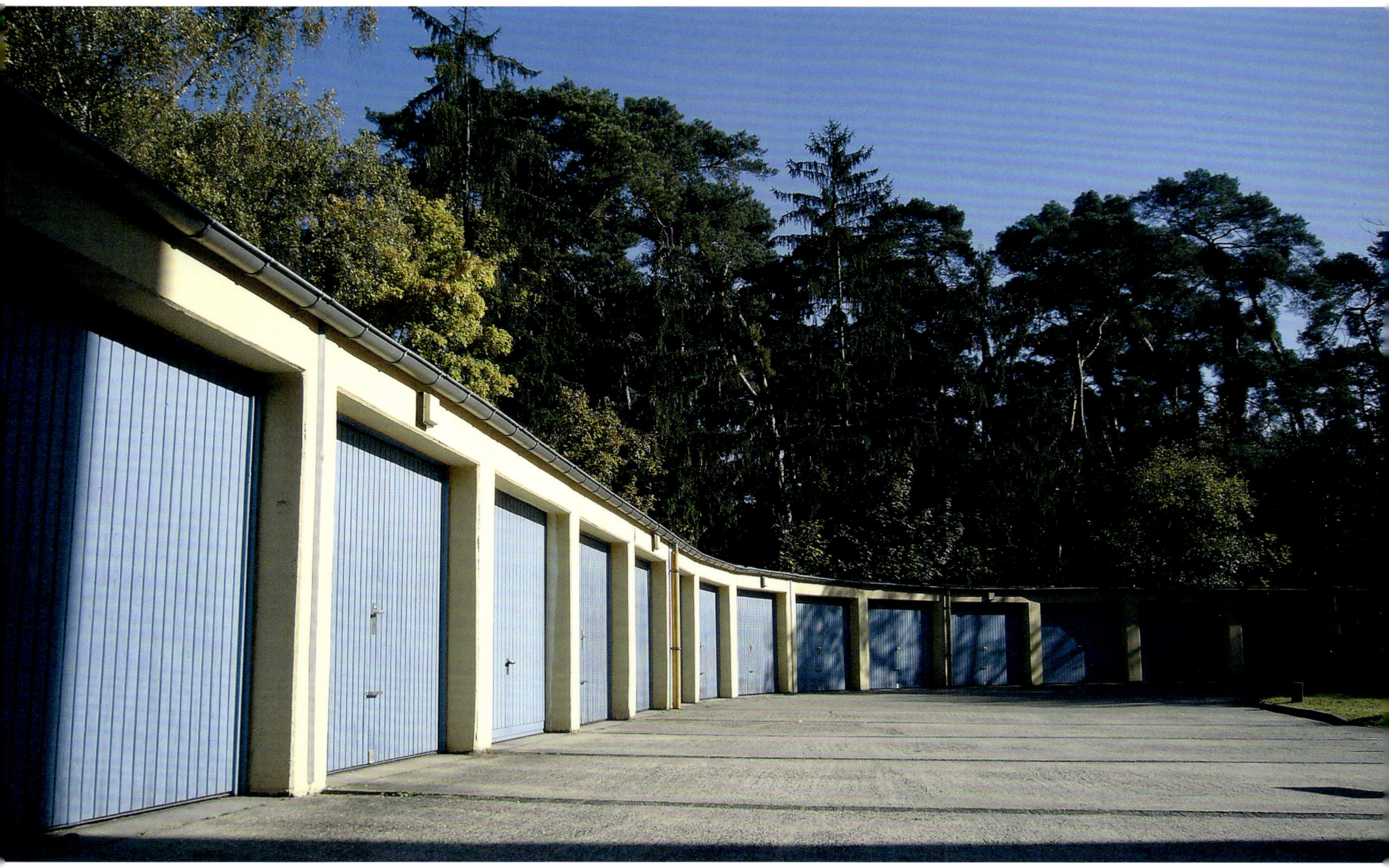